アイデア

アイデアはどこからやってくるのか——考具 基礎編

加 藤 昌 治

CCCメディアハウス

装丁・本文デザイン　轡田昭彦＋坪井朋子
本文写真　岡田康且
校正　円水社
プロデュース　アップルシード・エージェンシー

はじめに——ようこそ、アイデアパーソンの世界へ

最初に宣言してしまいましょう。
あなたはすでに「アイデアパーソン」です。

もうひとつ。
アイデアはどこからやってくるのか？

答えはひとつ。
すべてのアイデアは、あなた自身から出てきます。

「アイデア？　企画？……、ちょっと苦手……」と思っているとしたら、それはあなた自身の可能性に気がついていないだけ。この本を手にされたからには、そんなことはいわせません。ご自分の〝隠されていた才能〟に気づいてください。

アイデアがあるかないかで、あなたの生活や仕事は大きく変わることでしょう。すべてのアイデアが上手くいくとは限りませんが、少なくとも可能性や選択肢は増えることになります。そのほうが楽しいですよね。またスケールの大きいアイデアだけに価値があるわけでもありません。毎日のちょっとした習慣が変わることだって、素敵な出来事です。

アイデアを考えることは、漢字を書くことや新しいスポーツを会得することと同じです。初めて書いてみた漢字は、どこか不格好でバランスが悪いものですけれど、何度も何度も書いていくと、いつの間にか自分なりの字になっているから不思議です。

そして「字は人を表す」。何の字なのか、ちゃんと読める。だけど書いた人らしい癖がある。アイデアも同じ。すべてのアイデアには、考えた人の〝らしさ〟があります。

ただ、新しいことを身につけるためには、どうしても練習が必要になるでしょう、よっぽどの天才以外は。それは当たり前のことです。ちょっと思い出してみると、子どもの頃は練習だらけじゃありませんでしたか？　お箸の持ち方、お辞儀の仕方、トイレのお作法、ちょっと高めの壁だった自転車……。

ラッキーなことに、アイデアを出せるようになるための練習は、それほどむずかしくないんです。大丈夫です！

そして〝大人の習い事〟をスピードアップさせるために、本文に加えて「Q＆A」があります、この本。

「わたしの疑問はあなたの質問」。誰かが聞きたいな、と湧いてきた疑問点は多くの場合、他の方々にも共通しています。書いてある文章を読むだけでは分からなくて、他の人からの質問と応えを聞くことで、ストンと腑に落ちることもよくあります。先に本文だけを読んでもらうもよし、Q＆Aで立ち止まってもらうもよし。

総じて、この本の位置づけは、『考具』で書き足りなかったところを補足するような役割になっているのかなと。併せてお読みいただければ幸いです（カブっているところはそれだけ重要視している、ということで……お許しを！）。

繰り返します。あなたはすでにアイデアパーソンであり、アイデアはすべてあなたの中からやってくるのです！

アイデアは
どこからやってくるのか

目次

第3章 アイデアを生み出す「既存の要素」

第5章 アイデアの数を増やす方法

第6章　そしてプロフェッショナルへ

第1章

アイデアパーソンはアスリート？

1 アイデアパーソンってどんな人？

この本を通じて何度も出てくるキーワードを先にまとめてみました。欲しいのはアイデアという結果です。言葉の定義に汲々とするつもりはありませんが、これもアイデアパーソンへの一助。さっとお目通しください。

アイデア（idea/aidíːə | díə/）

a plan, thought or suggestion that you have（Longman WordWise Dictionary）

①概念・観念：考え・思想：認識・知識　②意見、見解、信念　③計画、趣向、意図：思いつき　④漠然とした印象、直感、予感：想像、予想　⑤概念・理念　⑥フレーズ、主題（旺文社　英和中辞典）

アイデアパーソン（わたしの勝手な定義では）

①まずは「公私を問わず、どんな課題に対してもくだらない案を含めてアイデアをたくさん出す人」。

②そして「公私を問わず、どんな課題に対しても素敵なアイデアをたくさん出し、それを企画として仕上げる能力のある人」。

たぐる（これもわたしの定義。この本にとっては重要な定義です）

アイデアパーソンにとって欠かすことのできない「練習」の一つ。アイデアの素となる、既存の要素（直接体験、間接体験、知識）を自分の中に取り込む行動のこと。細かくは、①「ぶつかる」、②「思い出す」、③「押さえる」、④「ほる」の四つの小技に分類される。

2

仕事とはリーグ戦

さあ、それではあなたがプロフェッショナルなアイデアパーソンになるためのトレーニングを始めるとしましょう。一番の最初は、そもそも仕事ってどうやるべきなんだろうか？　というところから入ってみます。

プロフェッショナルな仕事って、スポーツの世界に喩《たと》えるなら、リーグ戦を戦っていくようなものではないか、と思っています。トーナメント戦ではなくてリーグ戦。アマチュアスポーツは、その多くがトーナメント方式です。トーナメントはご存じの通り一発勝負。負けたら後がありません。だから必死になって勝ちに行く。

これは別の視点から見れば、勝率10割でなければいけない、の価値観でもあります。正直、キツイですよね。

それに対してプロスポーツはリーグ戦。試合数はさまざまありますけれども、十数試合から100試合超まで、数多くの試合数を経て、最終的な順位を決めていきます。

リーグ戦の判断基準は「勝率」です。たとえ開幕8連敗でスタートダッシュに失敗しても、シーズンの終わりには6割強の勝率があれば優勝できる。トーナメントと違って、全部を勝つ必要はないわけです。あまりいい言葉ではないでしょうが、〝捨て試合〟なんていい方もあるくらいですから。要は勝ったり負けたりがあるなかで、全体としての勝率をどうやって高めていくか、の競争なわけです。

同じくプロフェッショナルである、ビジネスの世界も同じじゃありませんか？　どの業種も、どんな優良企業も、勝った負けたを繰り返しながら、トータルでの勝率（企業なら利益など）を追求していくことがビジネスを運営していくことでしょう。

仕事はリーグ戦です。そしてアイデアパーソンの仕事（生活、かな？）もまた、リーグ戦。勝った負けたもあるけれど、前提として試合数の多さを確保したいのです。

3

アイデアパーソンは「打率」にこだわる

企業全体はスポーツでいえばチーム。そしてあなた個人は一選手。チームの成績は個人成績の集積です。それぞれの選手がしっかりと成果を挙げなければ勝率は上がりません。ところで、仕事における「成績」ってなんでしょうか。個人査定？　賞与金額？　確かに目に見える指標で計測することも大事ですが、アイデアパーソンを目指すあなたは、もう少しばかり大きく構えてみると楽しくなります。

自分のアイデアで新しい価値を創造した！　なんていってみたくはありませんか？よきアイデアは、価値を創造できます。関係する人間の数が多ければ大きな価値になるし、少なければ小さな価値。でも大小だけが問題でしょうか。我が社の利益にインパクト大なアイデアもあれば、職場の雰囲気をちょっと楽しくする小さなアイデアも欲しい。あなたのアイデアが必要とされているフィールドは、仕事でもプライベートにもたくさんあります。規模はともかく「価値創造」というヒットやシュートをバシッと決めてみてはいかがかしら、と。

必要なのは小手先のアイデア発想術を身につけることではありません。基本となるカラダとアタマの動かし方を無意識にできてしまうまで覚えることです。考える、というスポーツに固有のカラダとアタマの動かし方を知る。知るだけじゃなくて体得する。

忘れて欲しくないのは、プロフェッショナルは「率」で勝負するということ。勝ち負けがあることは理解しながらも、個人としての打率、チームとしての勝率を少しでも高めようと努力を続ける。結果を出す。

アイデアを出すことで価値を作ろうというアイデア稼業も同様。まずはちゃんとヒットが打てる、率を稼げるプロが欲しい。プロフェッショナル・アイデアパーソンは、ヒットアイデアの打率、にこだわります。基本は堂々と、ときには苦し紛れで。そして試合に出場し続けて、ヒットを打ち続け、世の中を自分のアイデアで楽しく豊かに変えていく。そんな成果を挙げてみませんか？　すぐに病みつきです。

4

アイデアパーソンにとっての「ヒット」とは？

何をもって「ヒット」とするかは議論の分かれるところです。所属する組織によって定義されていることもあるでしょうし。駆け出しのアイデアパーソンにとっては、自分の出したアイデアが「なかなかいいね」と評価されるだけでもヒットじゃないでしょうか。自分が出した、でもたいしたことないなと思っていたアイデアが他のメンバーを触発することができたなら、それも立派なヒットです。

そして次に目指すのは自分のアイデアが採用されること。チームや会社の代表案になることですね。ちなみにわたし、自分の出したアイデアが初めてプレゼンテーションされる（提案物として採用される）ことになったときの感動と驚き、いまだに覚えてますし、そのときの企画書資料、大切に大切に持ってます。

最終的には当然、実現まで持って行きたい、と願うのは自然な感情。最後までカタチにしたい。個人への評価は社内でアップさせられるかもしれませんが、やるんだったら実際の得点を獲得してチームの勝利に貢献したいですよね。

そして、「打率」とはヒット／打席数。ヒット、に求める水準は徐々に高まっていくイメージです。ヒット数が増えるだけ、あなたの技術も向上していくはずです。アイデアを出すことがいたってフツーになっていく、というか。

一方で、妙に〝率〟を意識しすぎると、固まってしまうこともあります。打席数が少ないままに「オレは高打率だ」なんて自慢しても笑われちゃう。ある程度の数をこなして初めてお給料がもらえるわけです。できるだけ数多くの打席に立ち、そして快音を響かせる。これがプロ。チームのレギュラー選手は試合を休みません。相対的な「率」という考え方が今一つ、という方なら絶対数である「安打数」を重視する手もありますね。

5

アイデアパーソンにとっての練習とは？

アイデアを出す、出し続けていくには、つまり公私を含めた長いシーズンを乗り切っていくためには、当然ながら準備が必要です。スポーツ選手たちは自主トレを行い、チームと合流してキャンプを張る、それからオープン戦……、と本格的な試合が始まる前に相当の練習量を積み重ねていますね。

しかしビジネスの世界は一年中が試合。これ、本当に厳しいです。公式な練習時間といえば、時折ある研修ぐらい？　根本的な体力づくりや具体的なトレーニングをせずに馬なりに成長しようとしているだけでは到底追いつきません。

でもラッキーなことに、アイデアの練習は簡単なんです！　なぜか。アイデアのヒント、源泉は生活の中にあるからです。というか生活の中にしかない。だから机に向かってウンウンうなるのではなくて、街に出て行くこと、誰かと何か楽しいことをして、ワクワクした気持ちを感じていることが即練習です。

ただし、その時間を「練習だ」と意識しているかどうかが分かれ道。漫然と過ごしていてはモッタイナイ。生活を楽しむことをアイデアパーソンのコソ練としても両立させるのがコツです。

ちょっと視点や意識を変えるだけで、みるみるうちに上手になれる、なれちゃうと思います。さらにありがたいことに、アイデアの練習にかかるお金は実質ゼロ円。これまでと同じ時間とお金を使うだけでもう充分。だから「アイデアを考えること」は練習可能ですし、練習量に応じて上達します。このあたりは受験勉強に似ていて、やった分だけ伸びる。裏切りません。

何事であっても1万時間を費やしてやっとプロになれる、という説もありますが、他の〝習い事〟に比べたら、実は効率がよいんじゃないか、とすら思っています。

残念ながら練習しないと物事は上手になりません。でもすでに、生活に仕事という練習時間が確保されているんですから、こりゃもうやるのがお得じゃないでしょうか？

6

大人はアタマとカラダの両方で練習する

アイデアを考えることには、かなり身体的なところ、フィジカルな側面があります。このあたりもスポーツに似ているな、と思ってます。大人になってから身体的な動きを伴うスキルを獲得するのは大変です。子どもならすぐできるのに、なぜか同じようには動けない。できない……うーっ！　となってまたイライラッときますね。でもアイデアを出すことはスポーツと一緒です。やったことのないことはなかなかできないし、ちょっとやってないとすぐ忘れる。

また、子どもの頃からやっていて獲得したスキルって、人には上手に説明できなかったりします。以前、とある武道の達人先生の講義を伺ったことがあるのですが、解説が難解。「ここをこうして、そうするとこうなって、こうでしょ？」……分からん！　「来た球が止まって」……見えない。

大人のあなたはアタマとカラダの両方のアプローチから練習していくのが近道じゃないでしょうか。アタマで理屈や全体の構造を、あるいは使う道具の特性を技術的に把握する。そこにカラダを実際に動かしてみることをミックスしていく。アタマとカラダを行ったり来たりすることで、いつでも（だいたい）同じように動けるようになっていくという上達へのストーリーです。がむしゃら、闇雲にやればいいってもんでもないですよね。

余談ながら、教え上手なセンセイとは、同じ動きを幾通りにも説明し分けられる人のことじゃないでしょうか。目指す動きは同じでも、「はい、加藤君は目線に気をつけて」「岡部君は肩ね」みたいに教え分ける。教わる人の癖に合わせたアドバイスってことですね。

大人はアタマでっかち。カラダを動かしましょう。ウンチクたれてる間に、1回でもやっとけ！　ってことですね。英語が上手になりたいなら音読80回、といわれたら、もう諦めて80回ブツブツ唱えてみることです。

それからカラダの練習は、自分が思っている以上に、2段階ぐらいオーバーにやってみるのが実は丁度いいみたいですね。やったことのないことは、できない。一度やり過ぎてみたからこそ、適正値が分かるというところでしょうか。

大人はアタマとカラダの両方で練習する

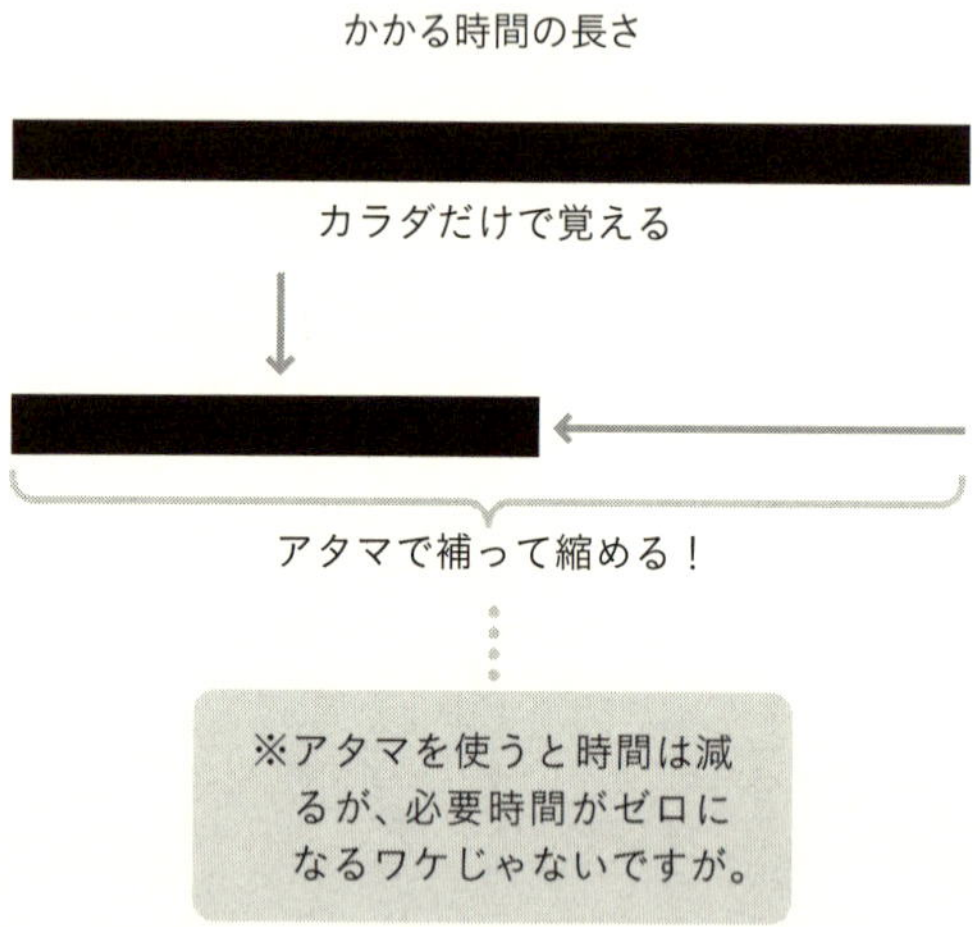

アイデアを考える習慣は、カラダで覚えるのが基本。加えてアタマも使って、習得までのスピードを上げる。

Q&A 1

Q 「仕事＝リーグ戦」、どのような場面をイメージすればよいですか？

A 現実の仕事では、「試合」がたくさんあります。企業にしても個人事業主にしても、毎月取引先に対して請求書を発行しますが、請求書ごとに「試合」があるわけです。それぞれの試合には勝ち負けがあるでしょう。予定していただけの利益が得られなかったケースもあるでしょうし、そもそも他社に先んじられたり、入札に負けたりして請求書を出すにも至らなかった……そんな負け試合もあります。経営とはそんな現場での勝敗の総合。まさにリーグ戦。そんな試合にチームの一員として出場する。できれば活躍するイメージ。

個人のレベルでも同じくリーグ戦あります。小さくてもレポートを提出したり、打ち合わせで発言を求められたりするでしょう？　仕事をするって何かしらの価値を生む活動をすることであり、取引先の何かをちょびっとでも「よくする」こと。だから、大中小はともかく、アイデアが必要なんだと思うのです。誰かにメールを出すにも、読みやすく分かりやすいメールとそうでないメールがありますよね。分かりやすくするためにもやっぱりアイデアがある（やった本人が意識しているかどうかは別にして）。そうした行動の機会はすべて「試合」です。

だから試合数はたくさんありますが、毎回バッチリ、というわけでもないでしょう。勝ち負け、があるわけです。誰しも（とても優秀に見える上司でも）全戦全勝ではありません。勝ったり負けたり、を繰り返しながら、それでも勝率を高めていくことを追求することじゃないかなと。

Q 「プロフェッショナル」を会社、企業人という断面から定義すると？

A 本当にいろんな定義がありますが、この本としては、自分でアイデアが出せる人、といいたいですね。会社、組織、個人……と仕事をするにはさまざまなレベルがありますが、基本的な構造、要素は似ています。つまり、公私含めて〝仕事〟とはすべて「入れ子構造」だと思うのですけれども、本来的にはどのレベルであってもアイデアは必要とされていると思うんです。

例えば映画。最後に関わったスタッフ総勢のエンドロールが延々と出てきますが、彼ら彼女ら全員は、何かしらのアイデアを出していたはず。普通のオフィスだってそうで、コピーを取る、なんてホントはとってもアイデアが必要なことだと思います（それ自体は給料には直結しにくいですけど）。

Q

「その時間を『練習だ』と意識しているかどうか」とありますが、意識していればいいのですか？　どのような感覚なのでしょうか？

A

意識することは必要ですが、実践として行動する、カラダを動かすことがより大事です。いたって個人的見解ですが、意識して……のやり方はかなり克己心が要求される気がします。それよりも反復練習、身体で覚えてしまったほうが実は早道では、と。

いちばん早くて簡単な練習法は、選択肢を二つ以上出す、です。明日のランチ案、最低二つは出す（それから選ぶ）。お店でもいいし、メニュー違いでもOKです。一つか二つは今まで行ったことのないお店や食べたことのないメニューを入れてみる。選択肢化する。いつもの店でいつものアレ、は禁止です。取引先に行くとしたら、乗り換えはF駅がベストなのは知っているけれども、H駅だとどうなるんだろう？　と想像してみる（時間にすごく余裕があって、かつ一人だったら試してみる）。てなことです。最初の数回はいいとしても、割合とすぐ苦しくなります。そこから新しい選択肢を見つけにいく、探せるようになると、いいですね。
　という視点からすると、プライベート時間で絶好の練習場はデートです。ギフトもなかなかの鍛錬の機会ですね。手強いクライアントを前に、さあどうする……？

Q

教え上手な先生は「生徒のどこが悪いのか」を測定できると思います。アイデアの素を集める際の行動チェックリストのようなものがあれば教えてください。

A

ベースはいたって普通に生活する、だと思います。極端な生活や人生の中にしかアイデアの素がないわけではないので。ただ一点、フツーに生活する中で「他にはどんなオプションがあるのかな？」は探してみてください。つまりは選択肢探し。いつでも「そうか、ABCとあってBなのね」とか「Dもあればいいのに……」と、最終結果だけではなく途中のプロセス、幅を感じる、といいましょうか。
　それにプラスして時折〝まとめ本〟を目にするとよいのでは。『人間を守る読書』（四方田犬彦著・文春新書）を読んだ時、紹介されている本を全然読んだことがなくて、「なんだや、おいらまったく守られてない‼」と悲しくなりました（防御のため数冊注文しました）。一冊に収まってなくても「〇〇の100冊」と題された記事を目にしたら数えちゃいますね。基本軸はあくまで自分自身でまったく問題ありませんが、時々世の中のセンターがどの辺にあるのか、は目を配っておくイメージです。

　今はなくなってしまいつつありますが、昔（1980年頃までかな？）は「大学生なら全員が読んだことのある本、映画」があったじゃないですか。そういうのを「押さえる」のはアイデアパーソンとしてはあるべき姿かな、とは思います。自分自身もできてないですが……。

Q　フィロソフィ、コンセプトとアイデアの違いは？

A　かとうの勝手な意見を開陳させてください。
　フィロソフィ、コンセプトは、考えるの先にたどり着く思考の結論。だから「系」であり「構造」「概念」として整理されているもの。そして結論（終着点）とはまた出発点でもある。思考の体系が動的でダイナミックなものであるなら、過程の中での一瞬（？）の停止点。オアシスみたいなもんでしょうか。未来永劫百パーセント正しいかどうかは不明ながら、一つのまとまりなんだと思います。哲学なら書物となるし、コンセプトなら現実の商品になったりするわけです。一つの結論として。

それに対してアイデアとは、思考するプロセスにて発せられる可能性／選択肢。「ああかも?」「こうかな?」ぐらいのアヤフヤなもの。決して結論ではありません。だからたくさん考えるし、まだ固まってないわけです。実際、アイデアをたくさん考える工程は割にタフだと思います。だからこそ基本となる知力・体力も必要ですし、コソ練も大事なんです。

先行する素晴らしいアイデア・企画に溢れた今の世の中であれば、

①既存の哲学やコンセプトを出発点や手がかりにしながら、

②自分なりのアイデアを出し、その可能性を模索・検討し、

③オリジナリティある企画として実現し、コンセプト、哲学に昇華する。

そんなサイクルになるのでしょうか。

第2章

アイデアとは何か？

1

考えるとは、選ぶこと

それではいよいよアイデアが生まれてくる構造編、アタマ編のスタートです。最初に把握しておきたいことがあります。考えるとは「選ぶ」ことだ、ということです。この構造を知っておいてください。とても重要です。

選ぶために必要なことは何でしょうか？　まずは選ぶための選択肢がある、ということですね。ないと選ぼうったって選べません。そして、ここがプロフェッショナルとアマチュアとの違いです。アマチュアは選択肢が少なく、プロは多い。たくさんの選択肢を出せるのがプロフェッショナル・アイデアパーソンなのです。選択肢をたくさん出してから一つに選んだ時点で一連の「考える行為」が終了します。考える、の前半戦が選択肢を出すことなわけですね。

人間って不思議なもので、プロではなくても、つまりアイデアという選択肢を出すことに慣れていなくても、大事なことだと多くの選択肢を出せます。いい例が自分のお子さんの名前。普通は一生モノですから、大真剣。実際に口に出すかどうかは別にしても、音でも何十種類、漢字の画数バリエーションまで含めると余裕で2、3ケタ、人によっては4ケタに迫る選択肢を出しているんじゃありませんか。

ところが、お題が「愛犬の名前」になったら？　大した数を出さないで決めてしまっていませんか？　名前の候補、10個も出さずに決めてしまったりしてますよね。そうです、この違いなんです。

でもプロのアイデアパーソンは？　お題が何であろうと、できるだけ大量の選択肢を出すのがお約束です。質も求められますけれども、まずは量、それから幅です。だって、たった三つから選んだのと、１００から選んだのと。選ぶために選択肢を出すこと。わたしの勝手な断定ですが、アイデアとは選択肢のことだと考えています。いいアイデア＝いい選択肢。それを探したり、編み出したりするのがアイデアパーソンなのです。

「考える≒選ぶ」

2 アイデアと企画とは別物である

アイデアを出すための構造、二つ目はこちら。アイデアと企画とは別物。時間的に、物理的に分けましょう、がわたしの主張です。

アイデアと企画。実際のビジネスの場では、企画の提案をし、了承・承認されることで仕事が動いていきます。提案先は社内、取引先、それから生活者の方々。場合によっては社会全体へ、そんなこともありますね。どんなに優れたアイデアも空想に終わってはもったいない。最終的に価値創造するのは「実行された企画」です。

企画とは、GOサインがあれば、実施可能なところまで裏が取れている提案のことです。技術上可能だし、納期も大丈夫。一部調整ごとや追加予算の必要がある、なんてケースもあるでしょうけれども、だいたい収まる目処がついている状況です。

それに対して、アイデアは企画の素にしか過ぎません。素、といってもメインのパーツ。企画が持つ価値の源泉です。でもまだ前段階。裏も全然取ってない状況で、「とてもこのままでは外には出せない妄想」みたいなもの。思いつき。(まだ)テキトー。何でもあり。「本当に実現できるかすぐには分からないけど、こんなことできないかな?」レベルです。実現度は後回しで、まずはアレコレ出してみるものです。

アイデアとは、まだ単なる選択肢です。選択肢ですから数はたくさん必要。そうやって出したたくさんの選択肢の中から「コレはいい!」というアイデアを選んで、企画レベルにまで整えていく、というフロー、ステップを踏んでいきます。

まずアイデアという選択肢を出す〝だけ〟の時間。そして出されたアイデア=選択肢の中から「コレでいこう!」なアイデアを選ぶ〝だけ〟の時間。最後に、選び出されたアイデアを「アイデア入りの企画」として整えていく〝だけ〟の時間。

だからアイデアと企画は別物です。最終形が企画だとしたら、アイデアはまだ途中段階。超・重要なパーツではありますが、アイデア単体では、顧客にお渡しすることはできません。この二つを一緒にしてしまうと、いろんなトラブルや無理が生じてきます。

つまり、誰かに対してきちんとしたビジネス上の提案をするときには、お題を解決するためのアイデアを大量に出し、よきものを選び、実現可能かどうかの裏取りや確認をして、企画に整える。そして自信を持って提案をする。このプロセスが大事です。この流れによってでき上がった「企画」には必ず「アイデア」が含まれています。

反面、なんか面白くないな……と感じる企画には、アイデアがありません。つまり企画には二種類のタイプがありまして、一つは「アイデア入りの企画」。これは素敵です。もう一つが「アイデアなしの企画」。これ、結構ありますよね……。なぜそうなってしまうのか？　たぶんアイデアを出すための時間が少なくて、その分、企画としてカタチや条件を整えることにチカラが入っちゃったパターンかも。考えるにも順番があるんです。

アイデアと企画とは別物である

数多くのアイデア群から選ばれた
珠玉のアイデアを企画化する。

アイデア（選択肢）

- □ わがまま
- □ 一瞬のキラメキ
- □（まだ）いい加減
- □ 我が・まま
- □ たくさん必要
- □ 思いつき
- □ 企画の個性の源泉
- □ 全体を網羅しない
- □ くだらない

↓ アイデアを選ぶ

企画

- □ 思いやり
- □ 実施できる計画
- □ 人様に説明できる
- □ 諸条件（いわゆる与件）
- □ いくつかに絞られる
- □ 裏が取れている
- □ 全体を網羅している

アイデア（選択肢）を出す“だけ”、よいアイデアを
選ぶ“だけ”、選んだアイデアを企画に整える“だけ”、
に時間を三分割する。

3 わがまま ↓ 思いやり

わがまま↓思いやり。

この順番、もう絶対の〝鉄の掟〟だと思ってます。デザイナー・川崎和男先生の言葉です。ちょっと引用してみましょう。

「自分のわがままを精一杯発揮して、そのわがままな発想を思いやりに変えていく。（中略）デザインというのは、自分のわがままな発想を、社会から『これは思いやりのあるわがままなんだな』って思ってもらえる、そういう形に変えてあげることなのです」

最初にわがまま、それを思いやっていくことで、いいデザインができる。デザイナーだから、ではなくて、お題が何であれアイデアパーソンの仕事では、わがまま＝アイデアという選択肢をたくさん出すこと↓思いやり＝選んだアイデアを企画として整えていくこと、になります。予算、納期、価格設定……などアイデアを具現化していく過程はまさに思いやりの作業です。わがままと思いやりのバランスがいいと、関わる人、対象となる人の全員が楽しくて幸せになる結果が待っています。

じゃあわがままってどういうこと？　なんですが、これは私利私欲に邁進してください、ではありません。自分の気持ちや理想に素直になること。目の前にあるお題、課題、ハードルを解消・解決・改善するためにどんなアイデアがよいのだろうか？　とアツくあるいはクールに考えることです。

ところが、多くの人はここで固まります。わがままになり切れません。通り一遍のコトですまそうとしてしまったり、過去の事例に頼ったり。オリジナルなら万事ＯＫではありませんが、アイデアパーソンとして真っ向から向かい合うことが、ここでいってる「わがまま」。なので分解すると「我が・まま」でもあります。それで現時点は大丈夫。だってまだ選択肢を出すだけの段階ですから。わがままで何が悪いの？　なスタンスで。

わがまま→思いやり、の順序が逆になった場合を想像してみてください。思いやりから始めるということは、「この予算で何ができるかな？」「単価３００円でできるものなんてあるの？」そんな会話がスタートになってしまいがち。いきなり現実感ありあり。よっぽどガッツのある人でなければ、無難で普通の、面白くない提案になりそうだな……と簡単に予想がつきます。

アイデア、から始まると結果的に個性的な提案（企画）が増えてきます。当然ですね。途中ではわがままなアイデアが出そろっているはずなんですから。それは提案先にとってもいい意味で予想を超えるアイデア入りの企画なはずです。

最終的に、何が選ばれるかは分かりません。無難なモノに落ち着くかもしれない。それはそれでいいじゃないですか。大事にして欲しいのはそこに至るプロセス。アイデアパーソンであるあなたの仕事は、新しくて個性的な（そしてできれば選ばれるような）選択肢を出し続けることです。だって、そうじゃなかったら、あなたがやる意味ないですよね？

「わがまま → 思いやり」

4

アイデアとは既存の要素の新しい組み合わせにしか過ぎない

企画とアイデアとの違いに引き続き、アイデアとは何か、もう一つの定義をご紹介しましょう。ジェームス・ウェブ・ヤング氏によるもので「アイデアとは既存の要素の新しい組み合わせにしか過ぎない（An idea is nothing more nor less than a new combination of old elements.）」がそれ。聞いたことがあるかもしれませんね、あまりに有名なので。

前項で、アイデアとは妄想、何でもあり……と説明しました。わがままに出すもの、とも。何でもありといわれても……思いつかないッス、と腰が引ける人もいます。そこでこの定義。ご安心ください。アイデアは天から啓示を受けるものではありません。単なる（とあえていいますよ）、単なる組み合わせにしか過ぎません。突拍子もないアイデアとは、組み合わせ方が意外、あるいは組み合わせた素材に新鮮さがあっただけなのです。

わたし自身、この定義を知ったときにはホント安心しました。なんだ、それなら何とかできそうじゃない……と思いました。

じゃあ「わがまま」に、というのは？

組み合わせるための素材を何にするか、も「わがまま」ですし、組み合わせ方だって「わがまま」。人が2人いてアイデアを10個ずつ出したとして、すべて同じになることはありません。個性や経験、そして発想はさまざまだからですよね。これ、いってみれば消極的なわがままモード。どうせ違うんだし、選択肢はたくさんあった方がいいのですから、スイッチを切り替えて積極的なわがままモードになるのがおすすめです。

ヤング氏の定義に乗っかれば、プロフェッショナルなアイデアパーソンに必要なのは、たったの2種類しかありません。まず既存の要素／オールドエレメンツをどこかから集めてくること、あとは集めてきた素材を組み合わせること。で、どっちも積極的わがままモードで。それだけ……？　それだけです。

5

「既存の要素 ― アイデア ― 企画」のピラミッド構造

ここまで続けてきた構造のお話を一度整理しておきましょう。考えるとは選ぶこと。アイデアと企画は違う。アイデアとは既存の要素の新しい組み合わせにしか過ぎない。アイデアはわがままに。わがまま↓思いやり。でした。

まとめて図解するとこうなります（49ページ）。上から「いくつかの企画」「たくさんのアイデア」「既存の要素」。三層のピラミッドです。

ビジネス（だけじゃないですが）において価値を生み出すための新しい提案を考えることとは、このピラミッドを下から上へと登っていく流れになります。

企画とアイデアとを分けていること、すなわちアイデアとはまだ単なる選択肢であり、ボンヤリとしていてもよく、わがままで、まだ適当な状態であることを許されていることを確認してください。

登るに従って数はガクンと減ります。アイデアはたくさんあったとしても、企画として整えられるべきなのはたった数個もあれば十分です。

この図を見ながら、普段の仕事の仕方（指示のされ方）がどうなっているかをちょっと振り返ってみてください。たぶん「企画を持って来い！」とか「おい、企画会議やるぞ！」なんていわれている人いますよね。

この指示の仕方って、ものすごく創造性を欠いていることが分かりますでしょうか。企画って、その時点で選ばれたアイデアが入っているものであるはずでした。つまり、企画を持ち寄るということは「わがまま→思いやり」の大事なプロセスを個人（つまりあなたですね）でやって来い、と指示されていることに等しいわけです。

まだそれほどの練習をしていないアイデアパーソンが、たった一人だけで考えてみた選択肢となるアイデアの数、さてどのくらいあるでしょうか？　おまけに企画にしなくちゃ、となると「思いやり作業」にばかり時間をかけてしまいがち。結果は推して知るべし、ですよね。この負のスパイラルをどうやって打破していくか……がプロフェッショナル・アイデアパーソンとしての矜持の見せ所でもあるわけです！

「既存の要素 — アイデア — 企画」のピラミッド構造

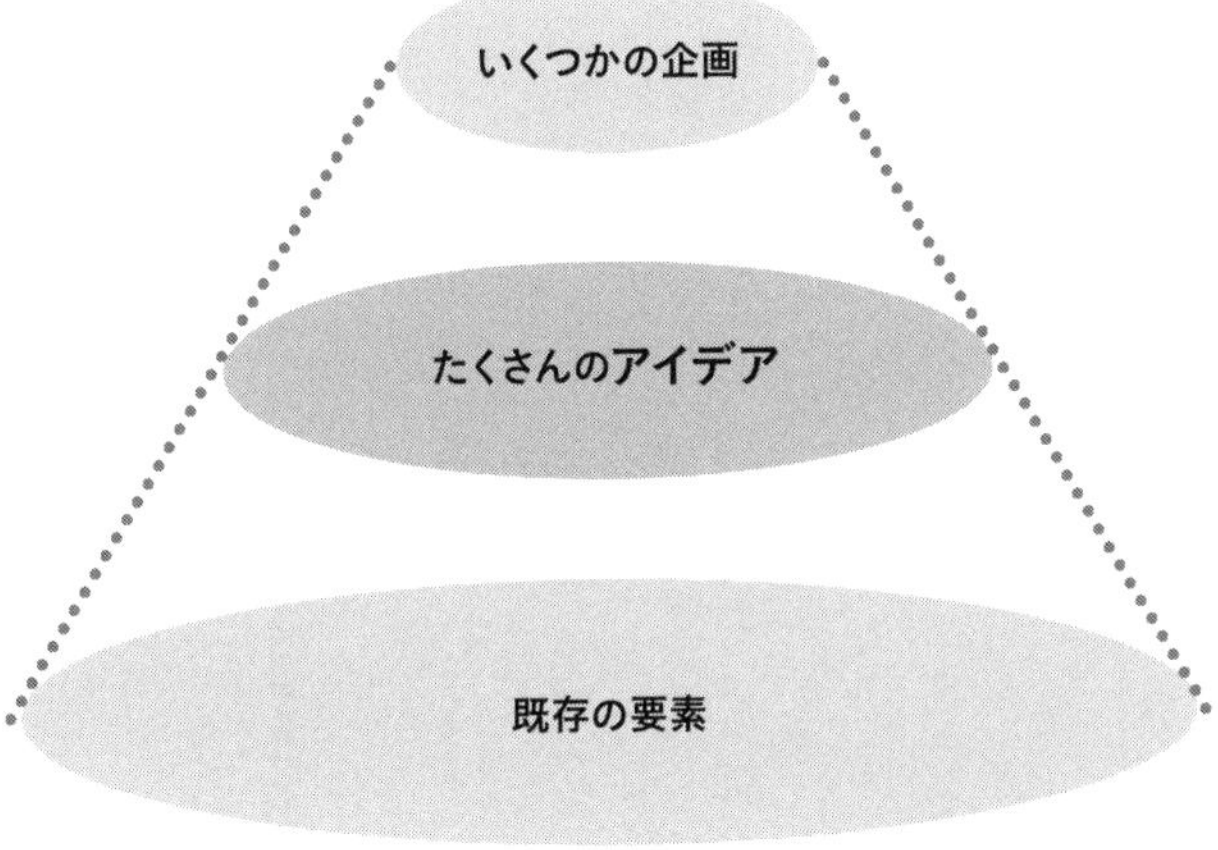

1. アイデアと企画を分けて考える＝アイデアを考えるだけの時間を確保するのがとても重要！
2. たくさんのアイデアをベースに「アイデア入りの企画」へ

Q&A 2

Q 「選ぶ」ときの基準はなんですか？　重要度を決める目安はありますか？

A 選ぶことは、二つのステップから成り立っています。①判断基準を決める（≒選ぶ）、②決めた判断基準に沿ってアイデアを順位付けする、の二つ。困ったことに、判断基準の候補（選択肢）ってとってもたくさんあります。ビジネスでも売上が見込めるのか、利益の率なのか、利益はちょっと脇に置いといての技術力訴求なのか……など。一般的、絶対的な判断基準ってない、のだと思います。「とにかく目立って話題になる」最優先、なんてモノサシもありそうです。

基準が決まったとしても、その基準に沿って一番を選び出せるのか？　といったらこれがまた難しかったりします。企画って、まだ誰も本当には体験したことのない何か、ですから。デザインシンキングやリーンスタートアップの発想に賛同が集まるのは、お試しをすることで判断の精度が上がると考えられるからでしょう。また、全員一致で「コレだ！」と選び出せるアイデアってそうそうは思いつきません。どれも一長一短だったりもします。

つまりは判断基準をうまく選べなかった失敗、さらに基準はよくても正しく評価できなかった失敗、と「選ぶ」に関しては失敗の可能性がありますし、実際失敗しているんだと思います。ゆえに、選ぶのが役割の方には責任があるし、エライ役職に就いているのかな、と推測する次第です。

それから、判断基準を重視しすぎると「該当作なし」な結果になる可能性もあります。文学賞などのコンテストであれば「ナシ」もアリ、ですが……そうもいかない場合も多いわけで。選択肢となるアイデアをたくさん出すのも大変なんですが、選ぶのもなかなか大変です。

Q 選択肢の質・量・幅について、「幅」とは、異なるジャンルでアイデアを出せるかどうかということでしょうか？

A まずは一つのジャンルでどれだけ出せるかの「幅」の意識が強いです。量が単純にアイデア数だとすると、幅は「アイデアのズレ度」といいましょうか。靴ってなんですか？　というお題に対して「歩くための道具」「革製」「脱いだり履いたりする」……「ホテルでチェックされる」……あたりで止まらずに、「異性を口説く道具」とか「靴磨きは大切な一人きりの時間」などと物性や目的性を超えた幅で考えることができるはず。それって結局のところ、ジャンルをまたがってアイデアを出すことでもあります。なのでスタートは「ズラし」から。

後半の「アイデアの数を増やす方法」の項で、居酒屋さんについてのアイデアを考えるサンプルを用意してみました。

Q 「木を見て森を見ず」だと、やはり全体的な視野は持てませんか？

A 木も見て、森も見て、じゃないでしょうか。細かくて小さいこと、いわゆる現場に即した事実を知らないと、大きなことも判断できないと個人的には思います。「木」というモノを知っているから「森」であることが分かる。「森」を知っているから森の中での「木」の役割というか価値が分かる。

Q アイデアを企画レベルに整えることは難しいと思いますが……？

A 難しいこともあるでしょうし、手間がかかって大変なことではあるんですが、アイデアを企画にするのは（暴論ながら）「作業」の範疇に類する工程だと思っています。外注も可能ですし、カスタマイズの基となる前例もたくさんあります。

より大事なのは、企画が持つ価値の素＝アイデアを出すこと。「企画化の作業をする人」は価値の素になるアイデアを考えてはくれません。アイデアを考えること自体を外に振り出してしまうこともできますが……。

Q 「わがまま」って言葉にはネガティブなイメージがあります。

A 分かります。自分勝手なイメージ。あるいは場の雰囲気や志向と反することをいうイメージ。そうではなくて「自分が思うまま」にアイデアを出してゆくことなんです。それが結果として周囲から浮くこともあるでしょうけれども。だからイコール自由な発想、なのです。邪《よこしま》なアイデアは必ず途中でダメになりますので、そこは安心して、出す。一方、よいアイデアには賛同者が増えていきます。最初は自分一人のわがままだったのが、チームのわがまま、会社のわがまま、顧客も含めたみんなのわがまま……。これはOKですよね？

そして、出てきた自由な発想を単純に現実的に当てはめるのではなく、よいところを残しながら着地点を見つけていく双方の歩み寄りが「思いやり」。経験を積むうちに「思いやり」はできるようになります。むしろ思いやりが過ぎてわがままになり切れないリスクが今度は出てきます。そのバランスをキープするためにもわがままになるだけの時間帯＝アイデアを考えるだけの時間を物理的に分離しよう、といっているわけです。

Q

せっかく斬新でユニークなアイデアが生まれても、企画にしていく（「思いやり」に落としていく）段階でつまらなくなってしまうことがあります。☆形にトンガったよい形のアイデアが、○形に体裁を整えていくうちにどこかで見たような形に……みたいになってしまうのはなぜでしょう？

A

☆が○になるのはある程度は宿命です。アイデア時点でのトンガリをそのまま世に出せるケースはまれ。ただゴシゴシ丸めてしまっては元も子もないので、できる限りトンガリを残しながら、あるいは当初のトンガリを含んだ全体的な形をキープしながら企画として整えていく。ここはがんばりどころです。

Q 「アイデアとは……組み合わせにしか過ぎない」は本当?

A はい。もうちょっと正確にいうと、組み合わせ=足し算のみ、ではないんです。引き算、掛け算、割り算も含めた四則演算です。完成品である「アイデア入りの企画」から逆算してみてください。例えばこの本の構成。普通の本+ワークショップでのQ&Aタイムの組み合わせです。分解してみると、気づきがあります。

Q 社内ブレーンストーミング運営のコツはありますか?

A これは奥深い課題です。四つのルール、

ルール1:他人の発言をすぐに批判しない。

ルール2:自由奔放な発言を歓迎する。夢物語でもよい。

ルール3:質より量を求める。

ルール4:他人のアイデアに便乗する。

なかなか守れません。特に1と2ですね。批判をしないのではなく、「してもいいけど、後で」です。デザインシンキングで有名なIDEO社ではDefer Judgmentと

云い換えられてます。本当のブレーンストーミングは、アイデアを出す→すぐ判断する、ではありません。「云い出し」と「云い換え」の連続技によってアイデア＝選択肢が増え続けるだけ。これが目指したいブレーンストーミングの姿です。「云い出し」「云い換え」については後述。

Q 企画会議をやることは無意味なんでしょうか？

A いきなり企画会議をやる、企画会議だけをやることはやめたほうがいいです。その前にアイデアだけを持ち寄って「あーだこーだ」と話し合う時間帯を持とう、ということです。時間的余裕があれば二度三度と集まって、いいアイデアが出るまで粘れるといいですね。というか、一回だけのアイデア出しで次へ行けたら、相当すごいです。

第3章

アイデアを生み出す「既存の要素」

1

発想法よりも「既存の要素」が重要

ここからは、より実践的なアイデアの出し方を探っていきます。

「アイデアとは既存の要素の新しい組み合わせにしか過ぎない」がアイデアを考えるというスポーツのグランドルールでした。既存の要素をどこからか見つけてきて、それらをどうやって組み合わせるのか、だけ。さて、どちらが重要だと思いますか?

多くの人が組み合わせ方! と答えてくれそうな気がしますが、より重要なのは既存の要素だとわたしは思っています。それもプロフェッショナルになればなるほど。年を経るごとにその思いは強くなっていきますね。

語学でいうなら単語(語彙)と文法みたいなもんだろう、と見なしています。両方ないとコミュニケーションできません。けれども、より高度な、あるいは深いコミュニケーシヨンのやりとりをしていくために大事なのは語彙ですよね。また世の中が変われば語彙も変わる（増えていく）わけですし。別に専門用語やカタカナ言葉を多用せよというつもりはまったくありませんけれど、アイデアパーソンのプロとして活躍し続けるためには、増え続けていく〝語彙〟をどうやってカバーしていくか、が肝になってくるはずなんです。

実際には一つの言葉＝既存の要素がキッカケになって、止まらないほどにアイデアが湧き出てくることがあります。わたしは「アイデアへのロイター板（跳び箱の前にあるバネ板）」と呼んでいます。具体的な言葉、事実、あるいは記憶が素敵なアイデアを呼び込んでくれる感覚です。

組み合わせ方法、俗にいう〝発想法〟も進化していますから、それはそれでよいのですが、たまにいらっしゃいますね、マニアが。発想法コレクターになってしまっているパターン。

なんとなくアイデアが出そうな感じもするし、派手なので、ついつい行きたくなる気持ちも分かるんですが……。それよりもカラダを動かし続ける練習を重ねておかないと。いざ鎌倉の緊急時にサラサラッとアイデアが出てこなかったら、アイデアパーソンじゃありません。発想法どれがよい議論は横に置いといて、まずはご自分が使いやすいものが一つか二つあれば、とりあえず十分じゃないでしょうか。

弘法筆を選ばず、と申します。アイデアパーソンはこちら側、既存の要素重視で行きたいものだな、と思う次第です。

既存の要素 ＞ 組み合わせる方法

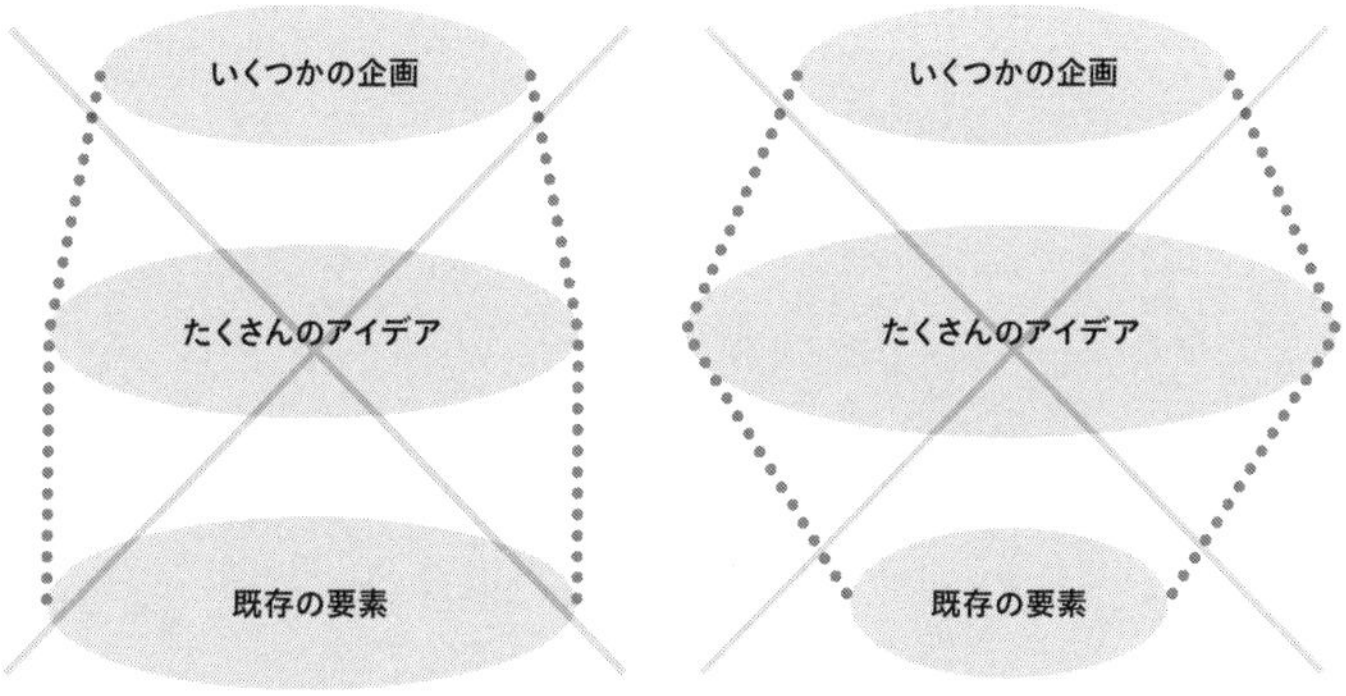

残念ながら、仕入れたすべての要素がアイデアに直結はしないでしょう。

ましてや、少ない「既存の要素」のボリュームをアイデアの数が凌駕するなんて……天才だけです。

2 既存の要素を分解すると

アイデアパーソンにとっては飯の種でもある既存の要素。そのままでは少しばかり取っつきにくいので、ここで因数分解してしまいましょう。

分からないこと、分かりにくいことは分けるのが、物事を理解するための王道アプローチです。「分」かると書くくらいで。コンサルタントを職業にされている方々は分け上手。「売り上げが上がらない」等の大きすぎる問題を、パンパンパンと細分化していきます。そして一番の問題箇所を特定していく。その技、ぜひ真似したいものです。

既存の要素とは、

①直接体験
②間接体験

③知識

④まだ知らないこと

の四つに分けて捉え直すとカラダにも入りやすいかな、と思います。①から③までは、自分がすでに知っている既存の要素になります。

当然ながら、今現在の時点で自分が知らないことを組み合わせることは不可能です。従って、できるだけ知っていることを増やしておきたい。アイデアパーソンの基本です。ただ、追いかけようとしても追い切れません。

日本では、毎日約２００点以上の単行本が新たに発売されているそうです。一日は24時間しかありませんし、毎日いろいろと忙しいわけで、世の中の情報のすべてを網羅しようなんて無理に決まってます。だからといって待ちの姿勢になってもダメ。何らかの方法で体験は増やしていきたい。使う時間とお金は同じでもかまいません。ただ「いつもの場所でいつもの……」はできるだけ避けたい。同じ金額でも未体験のモノやコト、本当にたくさんあります。でもなぜかスルーしてしまう。「いつもの」の方が安心できるし、楽なのはよーく分かります。

けれど、アイデアパーソンはいつでも新しい経験、体験を探してください。数をこなす中には失敗もあります。悔しいけれどお金のムダ使いもあります。それでも。アレコレ集めた体験のすべてがすぐにアイデアへ直結するかどうかは分かりませんが、結果としてまったくのムダにはなりませんから。ぜひ。

もちろん一つのネタ（既存の要素）は二度三度と活用したい。遠慮は不要です。使い回すやり方もあるし、同じ事柄から違う要素を引き出してみるとか。実際に、A案件にもB案件にも〝使える〟体験ってあります。さて、毎日の生活の中でアイデアの土壌をどれだけ豊かにできるでしょうか？

既存の要素を分解すると

「

1　直接体験

2　間接体験

3　知識

4　まだ知らないこと

」

3

直接体験（既存の要素：その1）

アイデアに一番つながりやすい既存の要素は、なんといっても直接体験。自分自身への印象度も深いものが多いでしょうから。百聞は一見にしかず。ビジネス系の語録でも現場主義はよく聞くキーワードです。

アイデアパーソンにとっての「直接体験」とは、まさに生活そのものなわけですが、非日常型の直接体験と日常型のそれとに峻別されます。

非日常型の直接体験、代表例はやっぱり旅でしょうか。

確かに効きますね。個人的な体験ですが、パリの夜空が日本と違う色なのはなぜなんだろう？　と今でも時折思い出しますし、北海道で見たのはホントに湖畔に穴を掘って即席温泉にしている旅人の姿でした。

旅の途中では、予期せぬほどの大量のアイデアが出てきたりします。あれ、夏休みで仕事から脱出しているはずなんだけど……。ええ、アイデアはいつでもどこでも出てきます（反対に出てきて欲しいところでウンともスンとも……もありますが）。忘れてしまわないようにしっかりメモっておくべきですね。写真もメモの一つ。迷ったら撮っておくのが吉じゃないでしょうか。

旅以外でも非日常体験は手に入ります。絵画、彫刻などのアートも実物の迫力はその場でないと体験できないものでしょう。アーティストのライブなんかもそう。ステージ上もさることながら、どんな人たちが来ているんだろう？　楽しみながらも調査隊状態で、わたしなんかはやたらキョロキョロしてしまいます。

日常的な直接体験も、負けず劣らず刺激的です。友人との何気ない会話の中に大きなヒントが隠れていることなんかザラ。「カラーバス」[※1]という考具を使えば、毎日の通勤・通学もアイデア発見ツアーに早変わりしますから。

直接体験に至るまでのハードルは、「食わず嫌い」。「えー、いいよ面倒だし……」「この前何かでやってたモン……」

求めよ、さらば与えられん。腰の軽さはアイデアパーソンの条件です!

※1　カラーバス　考具のひとつ。一つの色を決めて、その色がついているアイテムを探すだけ。意外な発見があるだけでなく、そこからアイデアのヒントが出てきます。

自分が見聞したコト・モノが
アイデアにつながりやすいのは事実です。

4 間接体験（既存の要素：その2）

リアルな体験は確かに得難いものですが、間接的な体験も実は捨てたものではありません。メリットの一つが時間と空間とを軽々と超えられること。

例えば今作業しながら聞いているシベリウス作曲の交響曲は録音が1970年、わたしが生まれた年でした。また最近ではありがたいことに、昔懐かしのテレビドラマがDVDやオンデマンド方式で簡単に見られる。驚き&感謝です。個人ではなかなか行くことのできない場所を訪れるドキュメンタリーもそうです。自身の限界を超える肉薄ぶり。

もう一つ、間接体験のありがたさは、自分以外の視点から物事を見られる（見直せる）ことじゃないでしょうか。インターネットの書店で「本能寺の変」を検索すると、200

冊以上あります。２００個以上の違う視点から、ある一つの事件を見直すことができるわけです。その中にはあなたが賛成できるもの、違うなあと思うものもあるでしょう。でもそれだけ多くの視座があるんだ、と知ることが嬉しいですよね。

ついでにいえば、間接体験ってコスト安、しかも格安です。これもベネフィットですね。インターネットをはじめとするＩＴ社会の恩恵があって初めて可能になっている間接体験も増えました。ちょっとご無沙汰している知人が昨日何食べたかなんて、今まで知りようもなかったわけでした。

生活すること自体が、すでに間接体験の集合です。「友達から昨日あったことを聞く」他人の体験談も間接体験ですし、テレビのニュースを見聞きするのだって間接体験ですし。読書もそう。定義をし直すだけで、もう大量の間接体験だらけです。蓄えてます。大丈夫です。

間接体験はどこまでいっても疑似体験にしか過ぎませんが、直接体験とリンクさせることで、そこから学べることを増やすことはできます。切ない恋の直接体験者は、手にした恋愛小説（間接体験）からより多くを受け取っているはずです。反対に一冊の恋愛小説、恋愛コミックも読んだことがない人にとっては、目の前にやってきた失恋が〝世界の終わり〟にも思えることでしょう。

自分の時間やお金には限界もありますから、体験の直間比率をどうしたらいいのか、は状況次第ですが、両方を体験するべく自分のリソースを配分できると、アイデアがたくさん出やすくなるのは確実です。はい。

時間がない、は言い訳になりません。
“体験” はいくらでもできますよ。

5

知識（既存の要素：その3）

アイデアパーソンは体験至上主義なんですか？　と聞かれそうですね。そうでもないですよ、とお答えしたいです。そもそも知識と体験との線引きはどこなんだ、の議論もありそうですが……。

体験ほどの〝感動や感情の入れ込み〟がない単純な情報も、アイデアにつながる重要なアイテムです。

特にマスメディアは知識の宝庫ですよね。自分たちの代わりにいろんなことを取材して、分かりやすく伝えてくれる。有料無料とありますが、何にしてもお得だと思います。よく新聞朝刊一部で単行本一冊分の情報がある、なんていいます。でも、単行本は超・超・要約して2～3行でまとめてしまうこともできたりしますけど、新聞でやろうと思ったら「昨日もいろいろあった」になっちゃいます。さほどに多種多様な情報が詰まっている。

しかもマスメディアに掲載されている情報は、世の中の共通項でもあるわけです。世の中に通用するアイデアって、ある程度社会との共有度を持っていることが必要になってきます。誰も知らないことには反応できないからです。

特にビジネス上展開されていくアイデア／企画が対象としているのは、ごく一般的な生活者や消費者であることが大半でしょうから、世の中との接点、共通項がないと、企画としての価値が損なわれてしまいます。「この企画は受けそうなのかな？」そんな疑問に対する感度を探ることにも有効になりそうですね。

俗に雑学、と分類されるジャンルの知識だって、役に立ちます。アメリカ合衆国での憲法改正に必要な規程を知る機会があったとして、じゃあそのルールを我が家の〝憲法〟に当てはめてみたらどうなるかなあ、なんて。知識っておもしろいところがあって、一見関係ないもの同士をつなげてくれもするんですね。つなげる＝組み合わせる。アイデアはいくらでも出てくるものなんです。

総じていえば、直接、間接の体験も含めてですが、知識は力。このパワーを使いこなせるかどうかも、アイデアパーソンにとっては分かれ目になりそうです。

テレビ、ラジオ、雑誌、新聞、インターネット……。何万人というジャーナリストが、あなたの代わりに取材し、まとめてくれている……と思うと、宝の山に見えてきますね！

出張に行ったときなどに、地元の新聞や雑誌を買ってみるのもお薦め。

6 今日の要素が明日のアイデア?

アイデアパーソンとしてのアマチュア、そしてプロフェッショナルの違いがハッキリと分かるシーンがあります。それは既存の要素、体験と知識の使い方です。

アマチュア、あるいはプロに成り立ての方々は、手にした知識や体験をすぐさま、そのままにアイデアとして使いたがる。使うことは悪くありません。ベテランだって使います。違うのは加工の仕方、というんでしょうか、いわゆる「ひと捻り」のアルナシです。

アイデア初心者は、昨日見た自分にとって新鮮だった体験をそのままアイデアだとしてしまいがちです。土曜日に家族で行ってきたサーカスが面白かったから、次のイベントはサーカスやりましょうよ、みたいなパターンですね。一つのアイデアとしては決して悪くないです。でも、たぶん通りにくい。

理由はいくつかありますが、まずは〝旬すぎる〟ことが挙げられます。今流行っていることが、来月でも効果的なのか。タイミングがずれてしまうリスク、結構大きいですよね。来週のデートスポットのアイデアであるならまだＯＫですけども。

二つ目は、事の本質を捕まえていない（ように見える）からですね。サーカスが受けているのは事実ですが、なぜ受けているのか、どこが受けているのか、をちょっとでもよいから考察してからアイデアとしているかどうか。何で面白いと思ったの？　と聞いてみた答えで分かります。

ベテランは少々違います。感動したサーカスを触媒にして、すでに自分の中に蓄積されていた既存の要素を呼び起こす作業を（ほとんど自動的に）やっているはずです。さらにサーカスが感動を呼ぶ原因や要素を分解して、肝腎なものだけを取り出そうとするでしょう（結果、サーカスというアイデアになることも含めて）。何にしても、自らのストックを掘り起こしてゆくステップを踏んでいくのが特徴です。

新旧いろいろありますが、とにかくアイデアは「すでに知っていること」からやってくるのです。

7 知っている ≠ 思い出せる

捻りのきいたアイデアとは、新旧の体験・知識（既存の要素）がぶつかり合うところに生まれます。意外な組み合わせがいいアイデアにもなる。だとするならば、旧に属する、すでに知っている既存の要素をどれだけ柔軟に思い出せるか、もポイントになってきます。

これはベテランのプロフェッショナル・アイデアパーソンにとっても実は難関であります。肝腎なところで出てこなかったりするものです。わたしのイメージでは、こんな具合（82ページ）。20年、30年、40年……と生きていると、もうそれだけでかなり膨大な体験と知識とが脳には貯蓄されています。だけれども、さあ思い出せ、と命令を下してもそう簡単には出てきてくれません。

「ワークショップ考具[※2]」の中で、ある課題について自分が知っている既存の要素を全部書き出してみるセッションがあります。「お弁当の新メニュー開発」が課題だとすると、お弁当に関するあなたの直接&間接体験、知識を出しきってください、というわけです。手元にはまっさらな付箋《ふせん》紙一束（１００枚）があります。20～30分で、どのくらい書けると思いますか？

多くの方が20枚もいかないで手が止まってしまいます。お弁当を5回しか食べたことがないから？　そうじゃないですね。なんだかんだで数十回は召し上がったことがあるはずです。コンビニエンスストアや駅の構内で販売しているお弁当を買った、食べたの直接体験に加えて、公園などで他人がお弁当を食べているシーンを〝間接体験〟しているはずです。でも書けない。思い出せない。そういうものなんですね。

うんうん苦しんでもらった後に、テーブルを同じくしたみなさんが書き出してくれた付箋紙を壁に貼り付けてみると、３種類になります。

①自分が書けた1枚
②知っていたけど書けなかった1枚
③自分が知らなかった1枚

の3種類。ここには、アイデアパーソンにとっての大きな示唆があります。

※2　ワークショップ考具　この本や、前著『考具』で展開しているアイデアの出し方を体験してみるワークショップ。

知っている ≠ 思い出せる

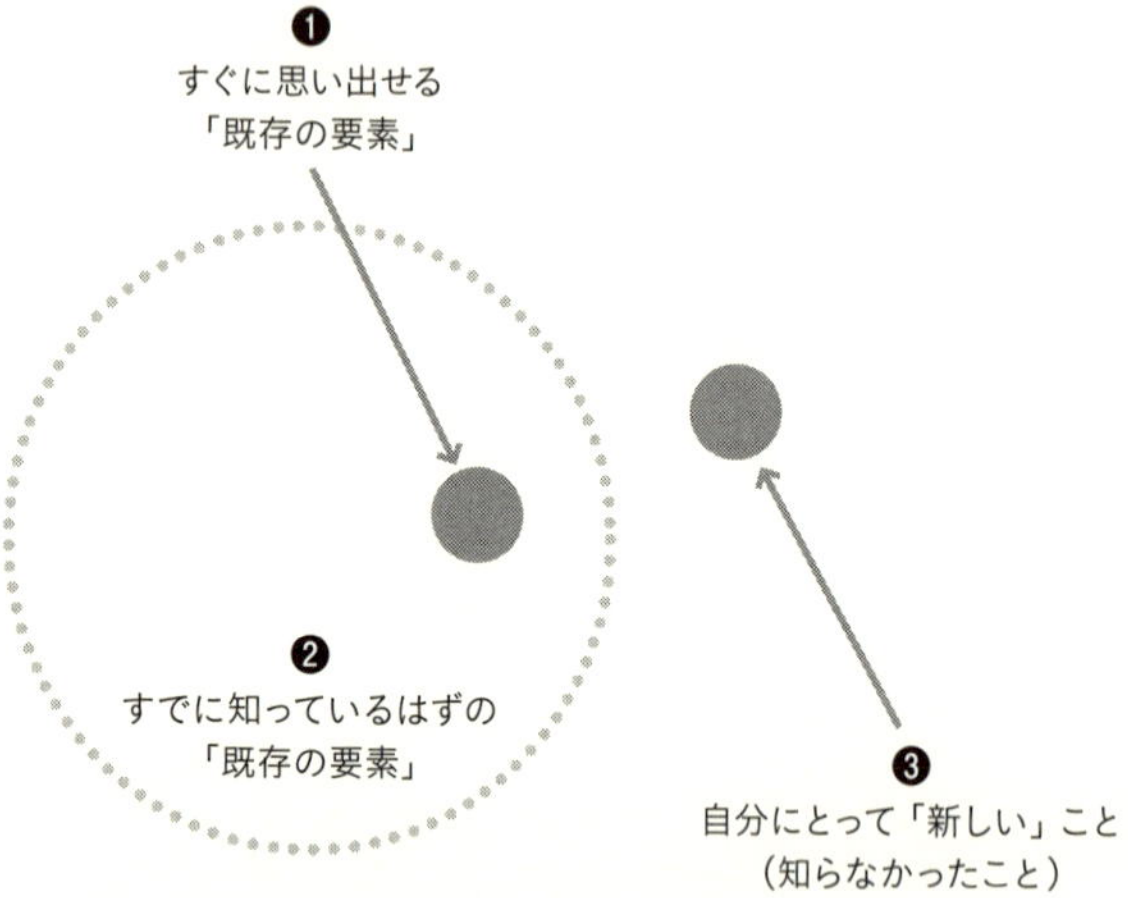

❶
すぐに思い出せる
「既存の要素」
❷
すでに知っているはずの
「既存の要素」
❸
自分にとって「新しい」こと
（知らなかったこと）

一人きりで考える、ということは……？

8

一人きりで「考える」ことの怖さを知る

前項から続きます。試す機会があれば感じていただきたいのが、壁に貼られた3種類の付箋紙、①、②、③のバランスです。

①はいいですね。他人とダブっていることもあるでしょう。③は仕方ないです。知らないことは書けません。問題は②です。せっかく持っているはずのアイデアへの可能性が断たれてしまっている、ということを意味するわけですから。

そして、ここで前掲のピラミッド図をもう一度見てみましょう（49ページ）。今あなたが一人きりで考えようとしていたならば、そのピラミッド、どのくらいの幅になってしまったのでしょう？　お弁当のアイデアがお弁当体験だけから生まれないにしても……第一層である既存の要素ゾーンの幅が狭ければ、その後はますます寂しくなるばかりです。

そして82ページの図も再び。最初にご覧いただいたときは「すぐに思い出せる『既存の要素』」がこんなに小さいわけないよ……と思った方、いかがでしょう?

最初に、「考えることは、選ぶことだ」とお伝えしました。既存の要素が少なければ、それだけアイデアという選択肢も少なくなる。

一人で考えるとは、かように〝怖い〟ことなのです。だから広告会社ではほとんどの場合にチームを組みます。できるだけたくさんの「既存の要素」を集め、できるだけ多くの選択肢を獲得するためです。

幸いにしてチームを組んで考える作業に取り組める環境があれば嬉しいことですが、往々にしてそれが許されない場合もあります。メンバーを集めている時間的余裕がない、そもそもメンバーなんていない……など、など。

作業する体制がチームであれ、一人きりならなおさら、「すぐに思い出せる『既存の要素』」の面積を少しでも広く確保しなければ、その後がどんどん苦しくなってしまいます。

十分に知識もある、経験もあるはずなのに、
なぜか出てこない……、のが現実です。
どうして隣の人はスラスラ書けるんだろう……？

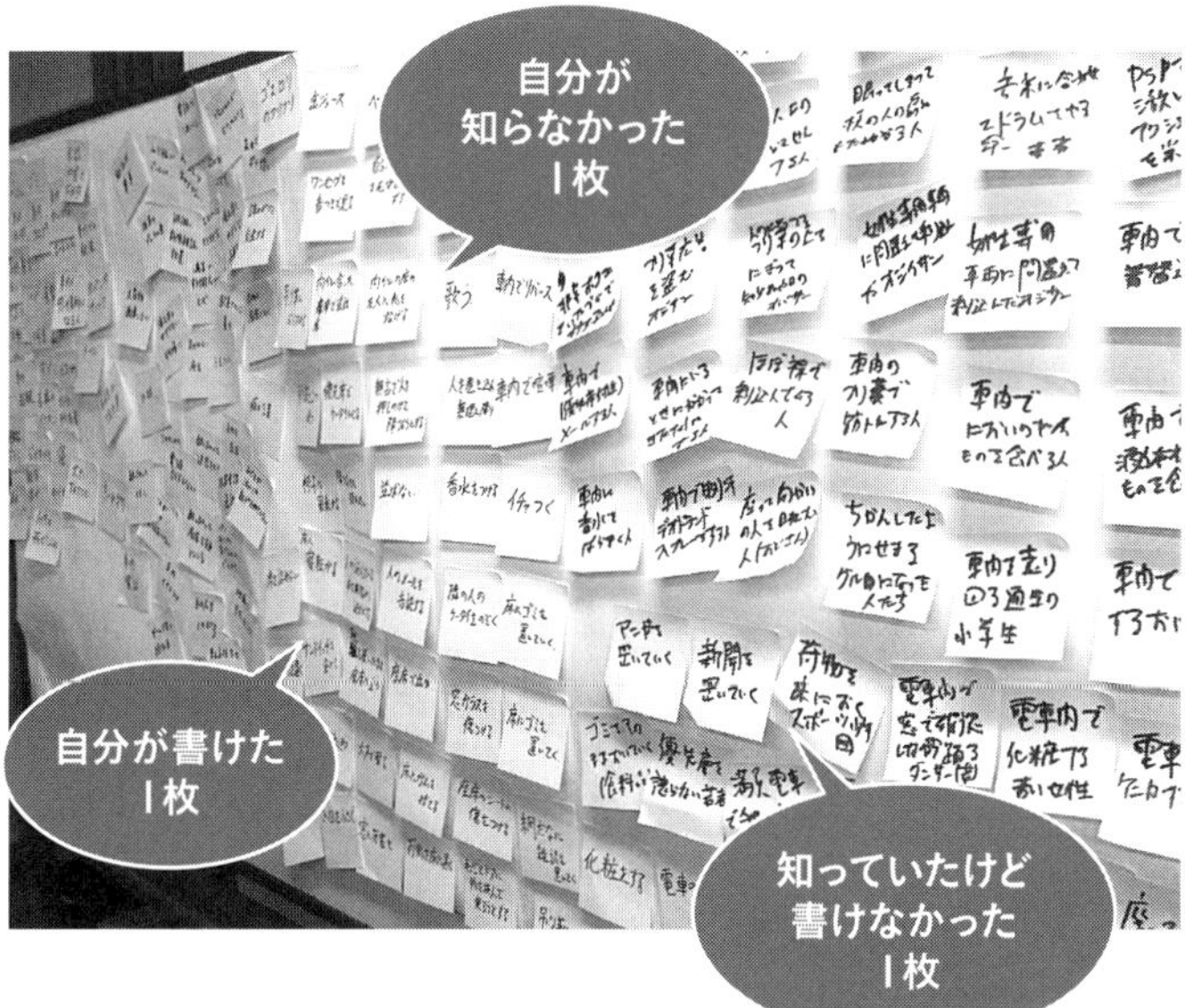

……さて、割合はどうでしょうか？

9 自分の記憶を24時間循環風呂にする!?

体験にしても知識にしても、いくら記憶として収納しても、いざというときに引き出してこられないならば意味がありません。それぞれの記憶（直接体験、間接体験と知識）がどのタイミングで必要になるのかはまったく分かりません。また、そのときに何がアイデアのヒントになるかも正直見当もつきません。アイデアの世界はどうにも混沌としているのが実際です。

わたしたちにできそうなことといえば、

①できるだけ頻度高く、それぞれの体験や知識を脳裏に思い浮かべること
②それぞれの体験や知識に複数のアプローチでたどり着けること

名メジャーリーガー、トニー・グウィンは「春のキャンプはマッスル・メモリーを呼び

覚ますために行うんだ」と語っていたそうです。プロアスリートになっても、忘れずに基礎練習を繰り返している理由が分かります。カラダは覚えているけど、忘れもする。絶えずカラダを動かし続けていることで、いつでも試合に出られる状態にしておくのです。

理想はといえば、脳はいつでも24時間循環風呂。誰かが入っていようといまいと、お風呂の中でお湯をぐるぐるとかき混ぜながら、新しいお湯はそのままに、古いお湯もきれいにしながら対流させている。お風呂の表面（そのときの顕在意識）に、いろんな記憶が押し出されていくように。

そしてそれぞれの体験、知識は芋づる式ではなく（一本の蔓だけでつながっているようなイメージありませんか？）、「網づる式」で四方八方につながっている。網のどこかに重みがかかれば、網全体がボヨンと揺れる。しぶとい記憶、とでもいいましょうか。同じネタであってもリピートして構いません。組み合わせる相手が違えば、別のアイデアになるんですから。

特にアイデアを迫られていなくても、そんな状態にスタンバイできていたら素晴らしいことですね。もう、どんな難しい魔球でもガツンと打てちゃいそうな気がします。打率を高めていくためにも効果ありそうじゃありませんか？

記憶の24時間循環風呂

Q&A 3

Q 既存の要素を因数分解するとは？

A 正直、ちょっといい加減に使ってしまっています、あまり突っ込まないでください（苦笑）。いいたかったのは分解した要素の相互が掛け算になる、ということ。足し算じゃない気がします。というのは直接体験を持っていると、それに関連する間接体験から得られるものがグッと豊かになるからです。一回でも会場大興奮！のライブに参加したことのある人は、まったく別のライブＤＶＤを自宅で見るという間接体験をしたときに、会場のリアリティや興奮度合いを擬似的ではありますが共有できます。

間接体験の豊富さが直接体験を助けることもあります。恋愛小説を何冊も読んでいる人だと、初めての恋でもちょっとは駆け引き上手だったりして。直接↑↓間接の間には相乗効果があるでしょうね。直接体験と間接体験をリンクさせる（≒掛け算する）とお得です。

Q 間接体験は直接体験に近いもの、近くないものどちらを優先して体験したほうがよいですか？

A 直接体験だーっ！　間接体験だーっ！　なんて意気込んで血眼になることもなく、ジワジワッと、あるいは気づいた範囲で少しだけ意図的にやってればいいのでは。両方ないと困りますけれども、どっちがエライ、ということはないと思うので。まずは「いろいろ体験してみようかなあ」の感覚と行動ができれば。「迷ったらやっておく／買ってみる」ぐらいでしょうか（食べ物に関してはダイエットの敵ですね）。

Q 効率的に知識を増やすのに有効な方法は？

A 最初から効率を求めなくてもよいと思っています。なんというか、ある程度カラダを使ってからじゃないと有効な方法＝コツって分からないと思うんですね。新しい行動習慣を身につけるためには、いくらかの回り道も必要です。でもそれは無駄じゃない。誰しもが必ず通る道なんだと思います。

Q 知人に、「本などから知識を入れると人が作った枠に知らず知らずのうちにとらわれてしまうので、自由な発想を阻害しないために本や新聞を読まない」というポリシーの人間がいますが、どう思いますか？

A 断固反対！ いろんな体験を持っていない人は「もろい」です。

Q 直接体験からうまく「既存の要素」をたくさん吸収、採取、記録する方法や心構え、練習法はありますか？

A 直接体験そのものがすでに素敵な既存の要素ですから、その体験を復習することだと思います。思い返してみる、それで印象に残ったところをメモにしてみる。悲しいかな、わたしたちはすぐ忘れてしまうので、記録することで記憶に残す工夫をするべきなんじゃないでしょうか。

Q 既存の要素が多くなり過ぎることで、デメリットはありませんか？

A ホントはありません。思い出すのが面倒なだけです（嬉しい悲鳴と捉えたい）。ただしそれは既存の要素をアイデアへのロイター板として使っている場合。反対に、アイデアを殺すために＝アイデアの判断基準や判定理由として既存の要素を用いてしまうケースもかなりありますね。いわゆる前例主義ってやつです。これはダメ。道具は道具。使い方一つです。

Q 既存の要素、といっても世の中の共通項の情報からだけでは「わがまま」になりきれない、トンガったアイデアに発展しないような気がしますがどうでしょう？

A センセーショナルなニュースは別ですが、「日本人全員が読んだことのある本」ってないわけです。夏目漱石先生の『こころ』読んだことのない人、たくさんいるんじゃないですか？　直接体験、間接体験の蓄積というスケールで人間を見たら、そりゃーもうバラバラもいいところです。いくらでもトンガれます。大丈夫です。

Q 「事の本質」ってなんですか？

A 広告・マーケティング業界では「インサイト（insight）」と云い換えたりしています。物事の実態を見抜く力、洞察力……。とある商品が売れている、という現実があったとして、生活者の深層にある本当の理由を追求していくことを行います。

例えば、新しいグループウェア（会社内で使うＩＴツール）が売れているとして、その理由を探っていく。新しいから？（そんな表面的な話ではない）→今までなかった機能だから？（その機能によって実現されるのは何だろう）→報・連・相が楽にできるから？（そのココロは……）→社員間のコミュニケーションが活発になるから？（つまり……）→企業としての一体感を作り出せるから？……と、売れる理由を解き明かしていきます。

インサイトが発見できたら、アイデアを出す側にとっては「何を考えればいいのか、その指針」がクリアになってきます。そういう行為なくして適当に考えているだけでは、真に価値あるアイデアには近づきにくいのですね、本当は。なかなか本質を捕まえられないのが現実なのですが。

Q「24時間循環風呂」では脳が疲れてしまいそうです。

A 本当に24時間ギンギンにやらなくてもよろしいかと思います。

まずは何か新鮮な情報との出会いや体験があった（はずの）ときにスルッと流さない、ということ。あるいは出会っただけで止めてしまわずに。ぶつかった出来事がキッカケになって、自分でもすっかり忘れていたようなことが次々と思い出されたりします。記憶がふわーっと甦る。その流れを大事にして欲しい。おそらく1~2秒の話です。(詳しくは後述しますが)「ぶつかる」「思い出す」の段階まで入る。「なんかスゲーなあ」と瞬間的に思ったり、「あ、そういえばこんなことあったな」とチラリ。

そうやって、昔の思い出をときどきでいいから表に出す、記憶の棚卸し作業をする。と同時にお風呂からお湯を汲み出したなら(=アイデアを出したなら)、不足した分は追加しましょう。それが新しい体験を積むこと。お湯の循環+追加をできる限り頻繁に行える行動習慣を24時間循環風呂と呼んでみました。

Q 網づる式、の網の目を密にしていくにはどうすればよいのでしょう?

A すでに知っている既存の要素にどんな〝とっかかり〟をつけるか、がポイントになると思います。「タグ」です。タグが素敵なのは、一つの事象についていくつでもつけられるところ。ある一つの記憶に到達する道は複数あるし、一つの記憶が出発点となって、どこにでも行ける。すべての道はローマに通ず、といいます。その記憶版を作ろうよ、ということですね。四方八方に道が張り巡らされた「記憶の網」があって脳内検索を楽にすることができれば、すぐ手にすることのできるアイデアの素は当然ながらグンと増えるはずですから。

一本の万年筆に対して「筆記具」「万年筆」「ドコドコ製で品番は××」などの一般的なタグから始まって、「初めてモノ」「自分なりのカスタマイズ」「ヌラヌラ（書き味）」「シマシマ（の模様があるから）」「著書の表紙を書いた」「こき使っている」……と、いたって個人的で私的なタグまでいくつでもつけられます。

それで、例えば「つらい仕事を楽にするアイデア」なんてお題が与えられたときに、自分だけは万年筆、という既存の要素をスッと「思い出す」ことができてしまうわけです。それがアイデアに直結するかどうかは不明ですが、他人とはちょっと違う視点から課題を見ることができたり、違うアイデアが出てきたりする可能性を手にすることができたわけですね。「持っているだけで思わず笑っちゃうペンを全員に配付する」なんてアイデアも出てくる。そのアイデアがよいかどうかは後で判断します。まずは出すだけの時間ですから。

既存の要素を収集するばかりではなく、仕舞い方にちょっとした工夫があると後が楽になります。綱づる式、という言葉に込めた気持ちです。

Q 一人で考えざるを得ないとき、どうすればよいでしょうか？

A 実際のところ、一人きりのこともありますよね……。一人であってもチームであっても構造は同じです。ポイントは時間を区切ること、「〝わがまま〟にアイデアという選択肢を出すだけの時間」と「それを検討し、選び出すだけの時間」「選んだアイデアを〝思いやり〟で企画に整えていくだけの時間」に三分割することです。無心になって出すだけ出す。その後で今度は冷静になって選ぶ。ダメだったらもう一度出す。これです。

第4章

「既存の要素」を活性化する――〝たぐる〟

1

体験と知識を自分ごと化する技を「たぐる」と名付ける

アイデアパーソンにとって基礎的な、けれども欠かすことのできない「練習」とは何か、を構造とともに明らかにしてきました。

地味かもしれませんが、意外に大事で効くのは「既存の要素」の取り扱い。直接体験、間接体験、知識をどのように探しだし、脳裏に取り込み、かつ忘れないように活性化しておくか。アイデアパーソンにとって必要な既存の要素を常に、自分の手の届く場所に引き寄せておくのか。他人ごとではなく自分ごと、とし続けられるか？　が焦点。

そのための技を紹介しましょう。それは「たぐる」という技であります。

『大辞泉』によれば、

①両手で代わる代わる引いて手元へ引き寄せる。「ザイルを―る」
②物事をそれからそれへと引き出す。一つ一つもとへたどる。「記憶を―る」

アイデアパーソンにとって「たぐる」方向は二つあります。まずは外へ。自分が知らなかったことを「たぐる」。この世の中にある数え切れないほど広がっている知識を次から次へと捕まえ、そして直接、間接の体験をする、また連鎖させていくことで、自分ならではの既存の要素を増幅させていく「たぐる」です。

それから内へ。思い出せないことを含めて、すでに自分が知っていることを「たぐる」。放っておけば沈んでしまう過去の既存の要素たちを拾い、引き寄せ、記憶の表層に上らせる。そして当然、できる限りアイデアとして組み合わせて、世の中へアウトプットしていく「たぐる」ですね。

いつでも世の中を、そして自分の記憶を「たぐる」ことを続けていき、新鮮なアイデアというヒットを打ち続けていく。これこそが、いざというときにも頼りになる、本当のプロフェッショナル・アイデアパーソンかな、とイメージしています。

「たぐる」

①両手で代わる代わる引いて手元へ引き寄せる。「ザイルを―る」
②物事をそれからそれへと引き出す。一つ一つもとへたどる。「記憶を―る」

出典：『大辞泉』

2 「たぐる」ケーススタディ#1

「たぐる」の詳細を説明する前に、わたし自身のケーススタディをまずはご紹介してみましょう。……恥ずかしながら実話です。

①「たぐる」の発端は、とあるコミック。洋服の仕立て職人が主人公の作品です。わたし自身はお洒落でもなんでもありませんが、無性に「仕立て」というコンセプトに惹かれているので愛読中です。

↓

②そのコミックを通じてスーツに「ナポリ仕立て」なる流派？があるのを知りました（日本でも1990年代に流行ったらしく……、全然知らなかった……）。

↓

③仕立て職人たちはどんな裁ち鋏《たちばさみ》を使ってるんだろう？　と検索。
←
④ネットをふらふらしていたら、某県にすごい爪切りがあることを知る。
←
⑤自分自身が割と爪を伸ばしがち。恥ずかしい思い出が甦り……ひとり赤面。
←
⑥そして疑問が生じる。「人はいったい、どのくらいの頻度で爪を切っているのだろう？」（40年以上生きてきてほとんど気にしたことがなかった……）
←
⑦現時点でもっとも気になっていること。失礼のない範囲（のつもり）で、会う人ごとに聞きまくっている状況。

始まりからは半年ぐらい経ってますね。外にも内にも、意識が移動しています。結果としては、今まで自分が全然といっていいほど足を踏み入れていなかった領域に、気がつけば自然と近づいていました。ありがたいことに、この一連の「たぐる」プロセスがあったから気がついた仕事上のアイデアもあります。

これが「たぐる」。直接体験、間接体験、各種メディアでの知識をたぐり寄せていくことで、自分の中にひとつの「既存の要素」ができあがっていく感じです。

これ、「向こうから寄ってきた、集まってきた」といえなくもないんですが、やはりある程度はコチラから積極的に動いている、働きかけている。つまりポイントは、この流れをある程度意図的にやってみる、ということです。

「たぐる」ケーススタディ #1

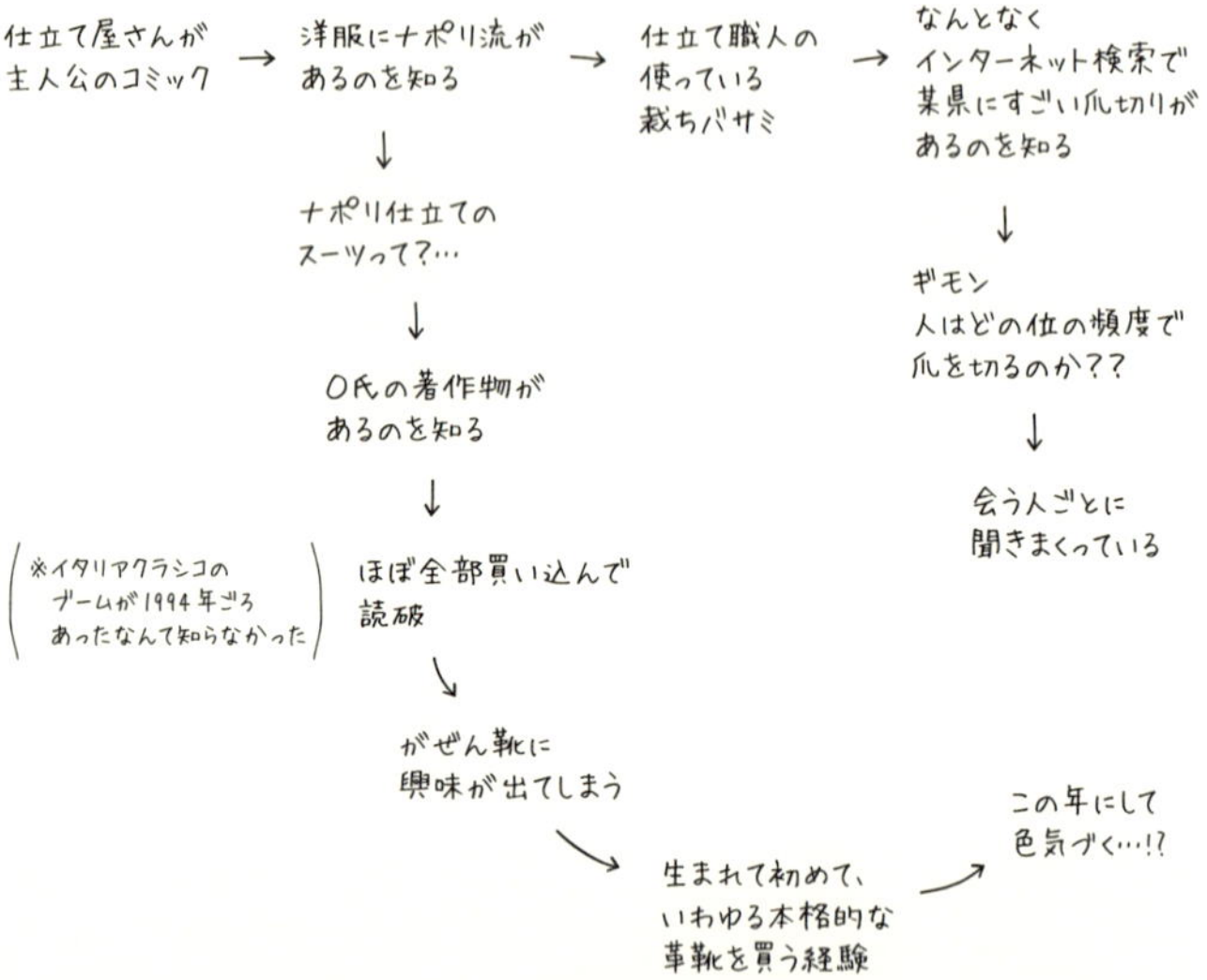

ちょっとしたことがスタートとなって、
世の中にすでにある「既存の知識」を手元に引き寄せていく。
単なる待ちの姿勢でもないことに注目してみてください。
それなりに取りにいってます。

3 「たぐる」を分解してみると……？

ただ気持ちの赴くままに体験を求め、引き寄せていくことが「たぐる」ではありません。もう少しだけ意識的にアタマとカラダを動かしています。

「たぐる」という体験・知識を自分ごと化する技は、さらに四つの小技に分解できます。

①「ぶつかる」
②「思い出す」
③「押さえる」
④「ほる」

区別の仕方を図示するとこうですね（107ページ）。偶然／意図的（By chance/On

demand）の軸、そして知らなかったこと／知っていること（I don't know／I know）の二つの軸で「たぐる」を四分割した格好です。

前項のケーススタディ#1での「たぐる」のそれぞれを分解すると、こんな感じになります。四つの「たぐる」は順序もバラバラで、行ったり来たりの自在なつながりを見せています。

「ぶつかる」……コミックでナポリ仕立て、を知る
　　　　　……某県のすごい爪切り、との出会い
「思い出す」……自分の爪切り習慣と、恥ずかしい出来事
「押さえる」……裁ち鋏をインターネットで検索
「ほる」…………爪切り頻度を人に聞きまくる

「ぶつかる」「思い出す」「押さえる」「ほる」のそれぞれについては次項以降で詳しく触れていきます。

「たぐる」は４つの行動習慣の統合

	I don't know （知らなかったことを）	I know （知っていることを）
On demand （意図的に）	押さえる	ほる
By chance （偶然に）	ぶつかる	思い出す

4

「ぶつかる」――「たぐる」小技：その1

辞書風に「ぶつかる」を定義してみると、こんな感じですね。

【ぶつかる】

偶然に、自分が今まで知らなかった事象と出会うこと。キーワードは「open mind」。出会った情報素材に対して無用な好き嫌いを挟まず、まずは虚心坦懐に受け入れることが必要。「へえ」という感嘆符とともに用いられることも多い。

「へえ」って思うこと、それが「ぶつかる」。よくあることだと思います。でもそのままスルーしていませんでしたか？　もったいない。視界に入っているけれども認識していないことだらけです、世の中は。

「へえ」と一瞬でも感じた、ということは、何かがあなたの感性に引っかかった、ということですよね。それすなわち、アイデアに結びつく可能性がとっても高い既存の要素なんだと思います。そのまま放置せずに、サクッと拾い上げてあげましょう。

気になった言葉や記事、商品名などを手元の紙にメモをする。スマートフォンでコピーする、あるいはデスクのパソコンへメールする。すでに目の前にパソコンがあるのならば、1分だけ時間を割いて検索してしまう。

いつだって好奇心はアイデアパーソンの味方です。それまで一切関心のなかったお洒落アイテムに目覚めたりするかもしれない。それはあなたにとって、プロフェッショナルとしての手口、引き出しが一つ増え始めていることに他なりません。チャンスは逃すな！なのです。

「たぐる」小技：その１「ぶつかる」

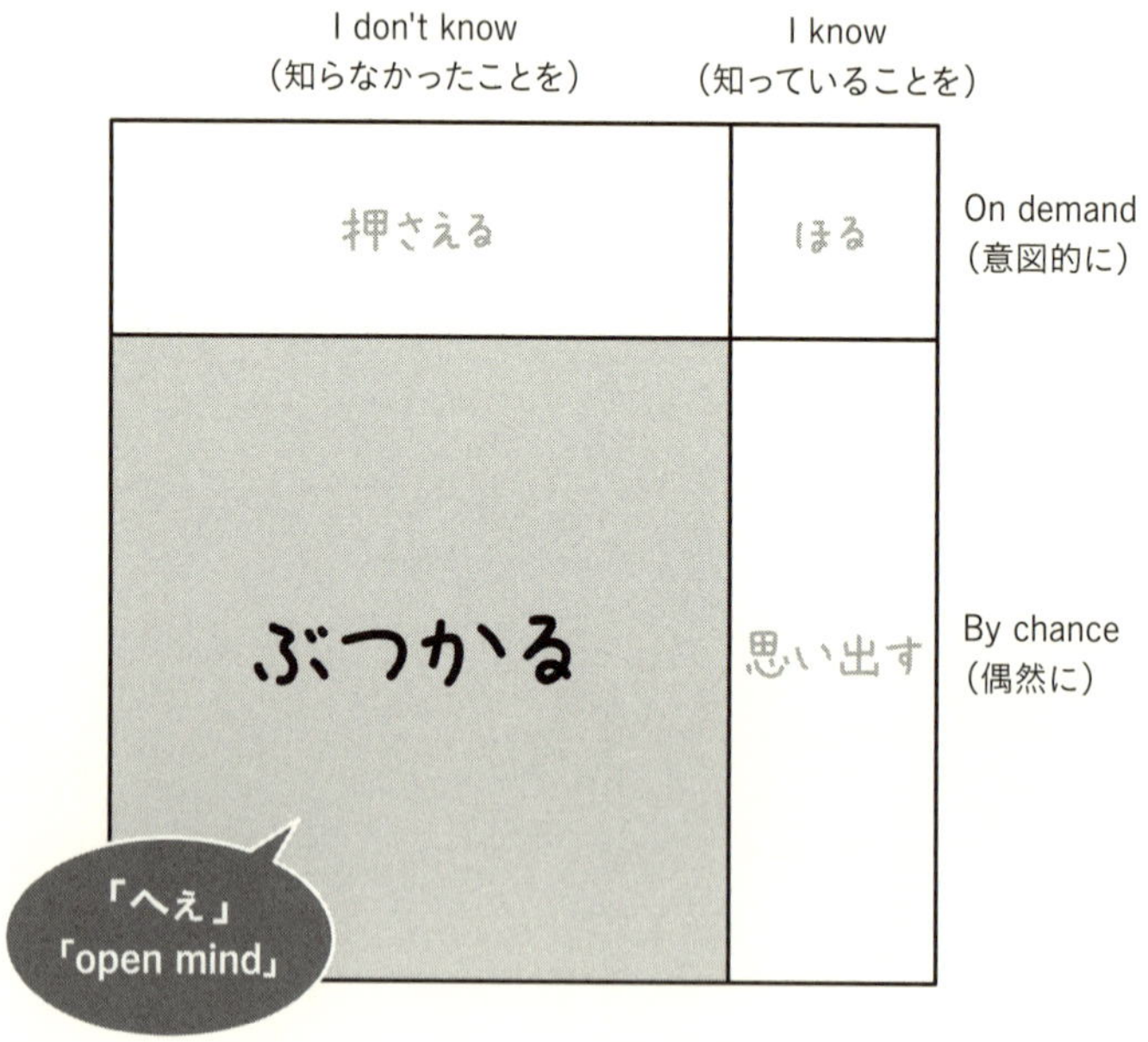

5

「ぶつかる」の実際（「たぐる」ケーススタディ#2）

「ぶつかる」はある意味でオールラウンド。いつでもどこでも、チャンスはやってきます。

・マスメディアを見る・聞く・読む
・インターネットをうろうろする
・SNSをサーフィンする
・ウィンドウショッピングする（街をぶらぶらする）
・誰かと話をする
・パーティ／合コンで新しく誰かと出会う
・食べたことのないメニューを頼んでみる
・いつも降りる駅で降りないで二つ三つ……乗り過ごしてみる

・人の家（部屋）へお邪魔する
・旅に出る
・本を読む（未読の本、そして既読の本！）

でもまあ、お手軽かつ「ぶつかる」頻度の高い代表選手はインターネット上を含めマスメディアに触れることでしょうか。

例えば新聞。普段は自分の好きなページしか目を通していなかったりしませんか？　よし、今日はぶつかってやるか！　と思ったら、頭の一面から目を走らせてみましょう。慣れるまでは、「読む」というよりは「目を走らせる」。いわゆる電子版なら、当日の記事に加えて過去の記事までたどり着けちゃいます。

朝刊全部を走ったら、驚くほどありますよ、「ぶつかる」体験。それって、実はすごいことですよね。だって日頃は「何かいいことあった？」「ないなあ」なんていってるわけですから。

ちなみに考具「カラーバス」（68ページ※1参照）を使ってみることも「ぶつかる」にはお薦めです。試してみてください。

ちょっとネットやメディアに目を通した
だけで、こんなに「ぶつかる」。

6

「思い出す」——「たぐる」小技：その2

つづいての「たぐる」小技その2は、「思い出す」。

【思い出す】

ニュースなどを偶然見聞きすることによって、過去に接触や体験があり、記憶していたもののすっかり忘れていた事柄が、記憶の表層へ再登場すること。またそのキッカケに直接関係あるかどうかを問わず、さまざまな記憶が脳裏に去来すること。自らが蓄積していた「database」の活用。「そういえば……」という言葉で始まることがある。

あなたの脳は超高速回転するハードディスクドライブ。小さなキッカケさえあれば、時間も空間も一瞬のうちに飛び超えて記憶が甦ってきます。物事を次から次へと引き出す＝

思い出すことは、まさに「たぐる」です。

また先述の既存の要素マップをもう一度見てください（82ページ）。知っているけど書けなかったもろもろのことを引き出すのも「思い出す」の重要な役割ですが、これ全然関係ないところにポイッと何かが投げ込まれると、その場所（話題）を起点にして、パーッと思い出が溢れてくることがあります。

誰かとおしゃべりすることは、お手軽な「思い出す」のキッカケになります。話し相手が「昔××ってドラマがあったよね？」、そんな調子で、こちらがまったく想定していない話題を急に振り出してくれたりするからです。

しかも嬉しいことに、そういう流れは一度始まるとなかなか止まらない！　次から次へと、話している自分ですら2分前まですっかり忘れていたようなことまでが、これまた微に入り細に入り思い出されて……、ありませんか、そういう体験？

「たぐる」小技：その２「思い出す」

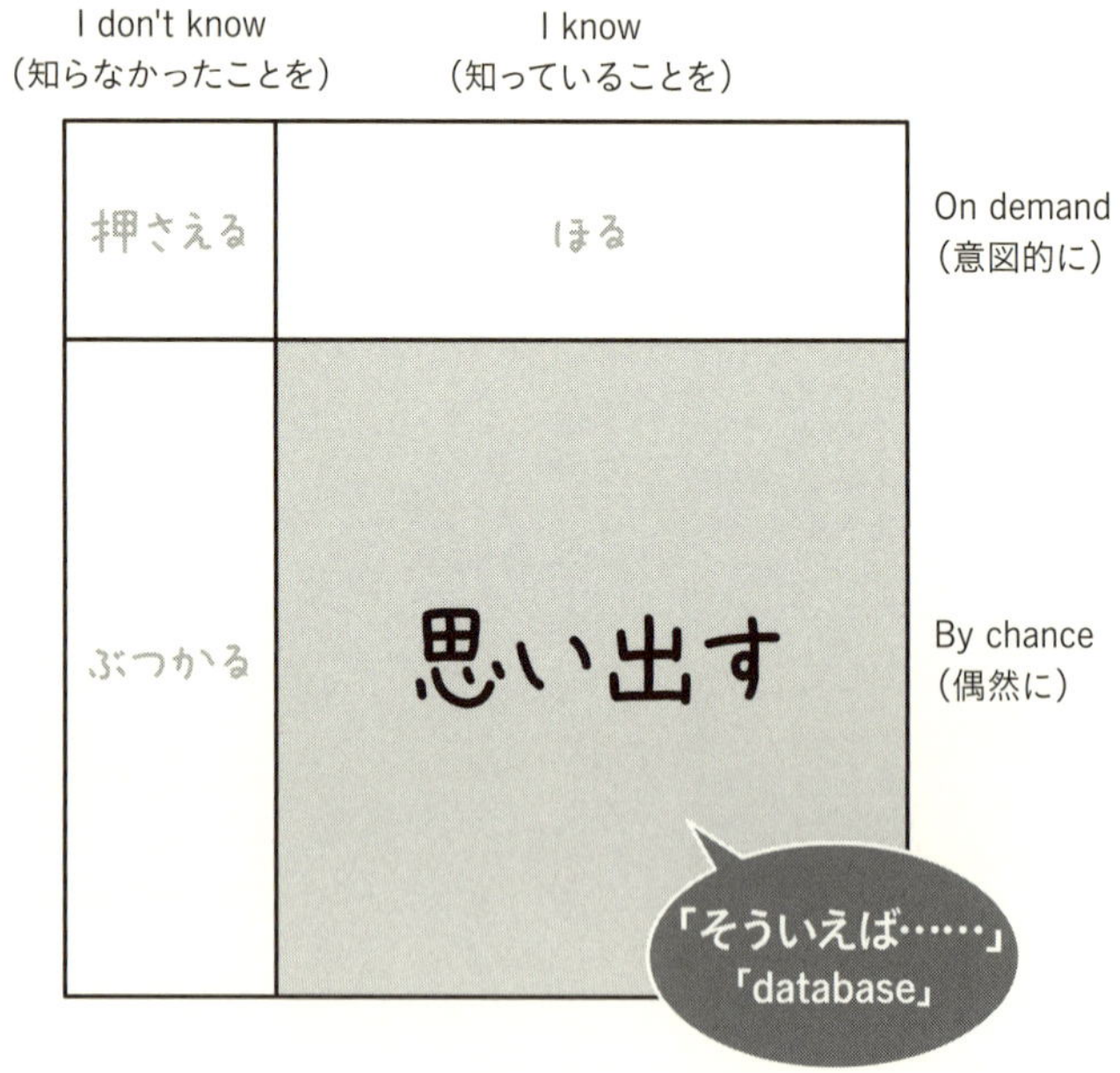

7

「思い出す」の実際（「たぐる」ケーススタディ#3）

「思い出す」も場所を選びません。ホントに突然襲ってきます。チャンスを列挙すると「ぶつかる」と同じになってしまいますね。あえて再掲すると、

・マスメディアを見る・聞く・読む
・インターネットをうろうろする
・SNSをサーフィンする
・ウィンドウショッピングする（街をぶらぶらする）
・誰かと話をする
・パーティ／合コンで新しく誰かと出会う
・食べたことのないメニューを頼んでみる

・いつも降りる駅で降りないで二つ三つ……乗り過ごしてみる
・人の家（部屋）へお邪魔する
・旅に出る
・本を読む（未読の本、そして既読の本！）

例えば、カラオケボックスって「思い出す」が頻発する場所だと思います。不思議な選曲をする人がいます。理由を聞くと、なかなかに渋いストーリーが隠れていたりして。つられて自分も思い出し話……そして懐かしい選曲へ……なんて流れに。

わお、10年ぶりだよこの歌〜なんていいながら、でもしっかりと歌えるもんですね。人間の記憶力はすごい。

「思い出す」は基本的には自分の記憶を「たぐる」技ですが、一人きりで完結するものでもありません。キッカケは偶然に外から与えられるものですし。待っているだけではなく、思い出そうとして（その時点では何が出てくるかはまだ分からないのが不安でもあり面白くもありですね）、こちら側から〝仕掛けていく〟こともできます。

**ちょっとネットやメディアに目を通した
だけで、こんなに「思い出す」。**

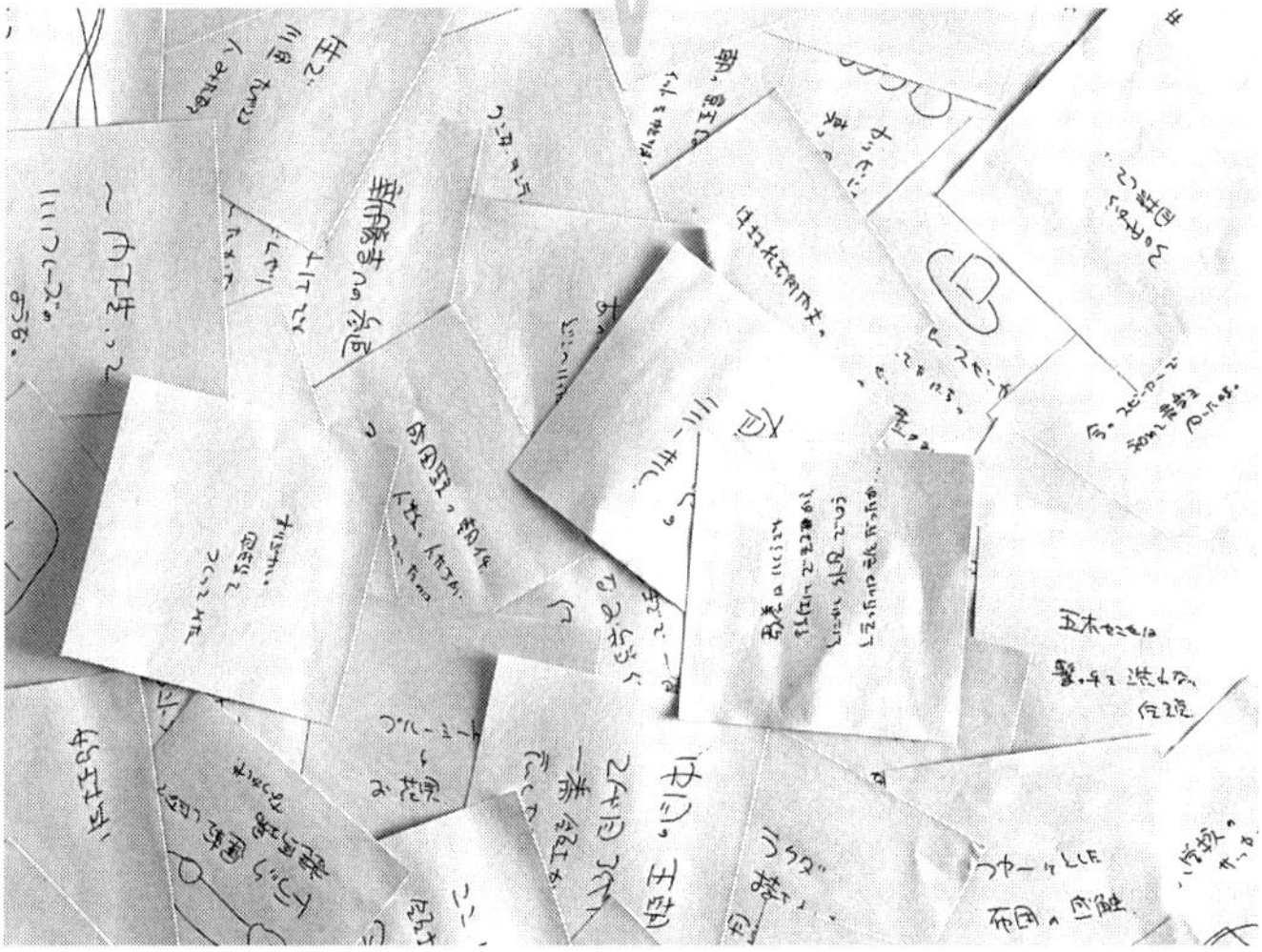

Q&A 4

Q 「自分ごと化」についてもうちょっと説明してください。

A 自分ごと化＝自分自身の事柄として、対象に向き合えること、です。35ページで例に出した、子どもの名前がいい例。当たり前ですけど百パーセント自分ごと化してますよね。では縁もゆかりもない方のペットの名前を考えてくださいと相談されても……残念ながらスッと自分ごと化するのは難しい。

自分との関係性が薄いと関心度も低くなりますし、当然思い出す頻度も少なくなってしまいます。

一方で、アイデアとはわがままから始まるものですから、関心度の高いこと、自分との距離感が近いモノ・コトをヒントにする傾向が高くなります。

距離感の遠いモノ・コトにも意識を拡げるのか、遠いモノ・コトを自分に引き寄せておくのか。「たぐる」は後者の考え方。自分が遠くに行くのではなくて、対象を近くに寄せておくことで楽しよう、と思っています。24時間循環風呂、網づる式、と云い換えることもできます。近くにあると、「自分ごと化」しやすくなります。つまりアイデアになりやすくなる。そして「自分ごと化」されたモノ・コト＝既存の要素がいっぱいあれば、それだけアイデアは出やすくなる仕組みだと思ってます。

Q「たぐる」ときは、目標を厳密に決めずに始めたほうがいいのでしょうか？

A「たぐる」には二つの種類があると思います。
①普段使いの「たぐる」。特に目標ナシ。適当にやる。地力を鍛えるトレーニング的。
②緊急時の「たぐる」。明日までにアイデア出さなきゃ……なとき。直結ネタ探し。
　両方あると思いますが、日頃の①が大切です。いつ何時、どんなお題が降ってくるか分かりません。そのときから慌ててネタを仕込みます、では間に合いません。日頃の蓄積がいざというときに頼りになります。プロのアスリートが毎日の練習を欠かさないように。素振りみたいなものでしょうか。普段いろいろ「たぐる」をしておくことで、あなたの記憶はいつの間にか網になる。それこそがアイデアの源泉です。急がば回れ、です。

Q　「たぐる」方向は内側、外側、どちらが大事ですか？

A　両方です。というのは内外で「たぐる」対象が違うからです。内側＝自分の記憶にすでにある「既存の要素」（I know）にたどり着くことが目標ですし、外側＝自分がいまだ知らない「既存の要素」（I don't know）を取り込むための「たぐる」ですから。四つの小技のレベルでは、内側＝「思い出す」「ほる」、外側＝「ぶつかる」「押さえる」と大まかには分けられるでしょう。ただし「ほる」は内でも外でもありますね。

Q　「たぐる」ケーススタディ＃1で、意識的に行っているのはどのステップ？　「ナポリ仕立て」を知ってから、職人の鋏を検索に行くところ？　あるいは、爪の思い出で赤面して、爪切りの頻度に疑問を感じたところ？

A　最初は何となくそっちに意識が動いていた、という感覚です。そこは自然体。ただ、フッと思いついてしまったことは、できる限りそのままにしないようにできるといいですよね。そこは明確に意識しての行動。その瞬間にやらなくても、ちょっとメモをしておいて後で「押さえる」をやってみるとか、デパートに近づくチャンスがあったら、買い物をする用事がなくても入ってみて、（勇気を振り絞って）店員さんに伺ってみるとか。聞くの、ホントに恥ずかしいですけども。

Q 「ぶつかる」は自分の思考やアンテナを取っ払い、いろいろな情報を分け隔てなく受け入れることでしょうか？

A まずは自分がピンと来たモノからでよいのでは。嫌いなことを自分ごと化するの結構大変ですから。徐々に興味関心の範囲を拡げていけばよいかなと。焦らずに。

Q 出すアイデアに打率があるのは分かります。「ぶつかる」体験や知識にも打率みたいなものの考え方は適用できるのでしょうか？

A 「ぶつかる」／目にしたもの＝「ぶつかる」打率と捉えてみる考え方もあるし、結果どのくらい蓄積できたかの絶対量で測る考え方もありますね。方法はどうあれ、どのくらい貯まったかはアイデアパーソンにとっては大事だと思います。いわゆる「引き出しが多い」状態です。で、さらには引き出しの中身はときどき拡げて陰干しして……という棚卸し＋整理＋補充が必要です。「24時間循環風呂」化です。

Q　「思い出す」をこちらから仕掛けるとは、どういうことですか？

A　その先に何が出てくるかは分からないながら、目の前にいる人に問いかけてみると、意外な記憶が甦ってくることがあります。「ねえ、昨日のお昼何食べた？」と聞いて「月見うどん」と返ってくる。すると「月見→国定忠治→麦か藁の笠→笠に書いてあった墨文字……」と、5年ぶりぐらいに、小学生時分の家族旅行の思い出がフッと出てくる（これはわたしの例ですが）。できるだけ具体的な単語、名詞や形容詞が返ってくるような質問をしてみるのがおトクな仕掛けの技。「最近美味しかったご飯」ではなくて「昨日の昼ご飯」やら「人生で一番お金を使ったディナー」など。具体的な問いには具体的な答えが返ってきます。それはそのまま、具体的な既存の要素、さらには具体的なアイデア……とつらなっていきます。

8 「押さえる」――「たぐる」小技：その3

「たぐる」小技の三つ目は「押さえる」。

【押さえる】

軽度に興味関心のあるテーマや人物などに関して、簡単な調べをすること。下調べ。詳細な分析が目的ではないため、完全な網羅性は必要としないが「footwork」よく作業することが求められる。「とりあえず」行われる場合も多い。

プロのアイデアパーソンが出すアイデアには課題を突破するだけの鋭さが必要になりますが、そんなアイデアを考えるときに、「どこを突破するのか?」をキチンと確認しておくことがキーになることもあります。コンサルタントさながらの課題発見力です。

どこが問題かを知るためには、まず全体像を押さえておくことから始めることも多くなります。最初に全体を俯瞰するところから議論をスタートさせる方法です。その際、一つの情報だけから全体を把握するのはちょっと乱暴。集めた情報がカバーする左右上下のサイズ感は気になるところです。

そのあたりの知識収集に威力を発揮するのが「押さえる」という技ですね。インターネット、特に検索機能の充実によって本当に「押さえる」のは楽になりました。それまでは図書館に何度も通ったり、新聞の縮刷版（というブ厚い資料が図書館にはあるのです）を怒濤の勢いで読破したり……と全体の感覚を掴むのは、結構大変な作業でした。

ただ気をつけるべきは、「押さえる」行為が間接的な体験で終わりがちなことです。「たぐる」技としては、正確な調査というよりはアイデアへのヒント探しが主目的ですから（裏を取るのは企画作業段階なので、まだ先）、それほど神経質にならなくてもよいのですが、調べたといってもまだそれは軽いレベルにしか過ぎません。

また、インターネット上にある情報をそのまま鵜呑みにするのも気をつけたいところ。大事な要点になるところでは、キチンと原典に当たることを忘れずに。

「たぐる」小技：その３「押さえる」

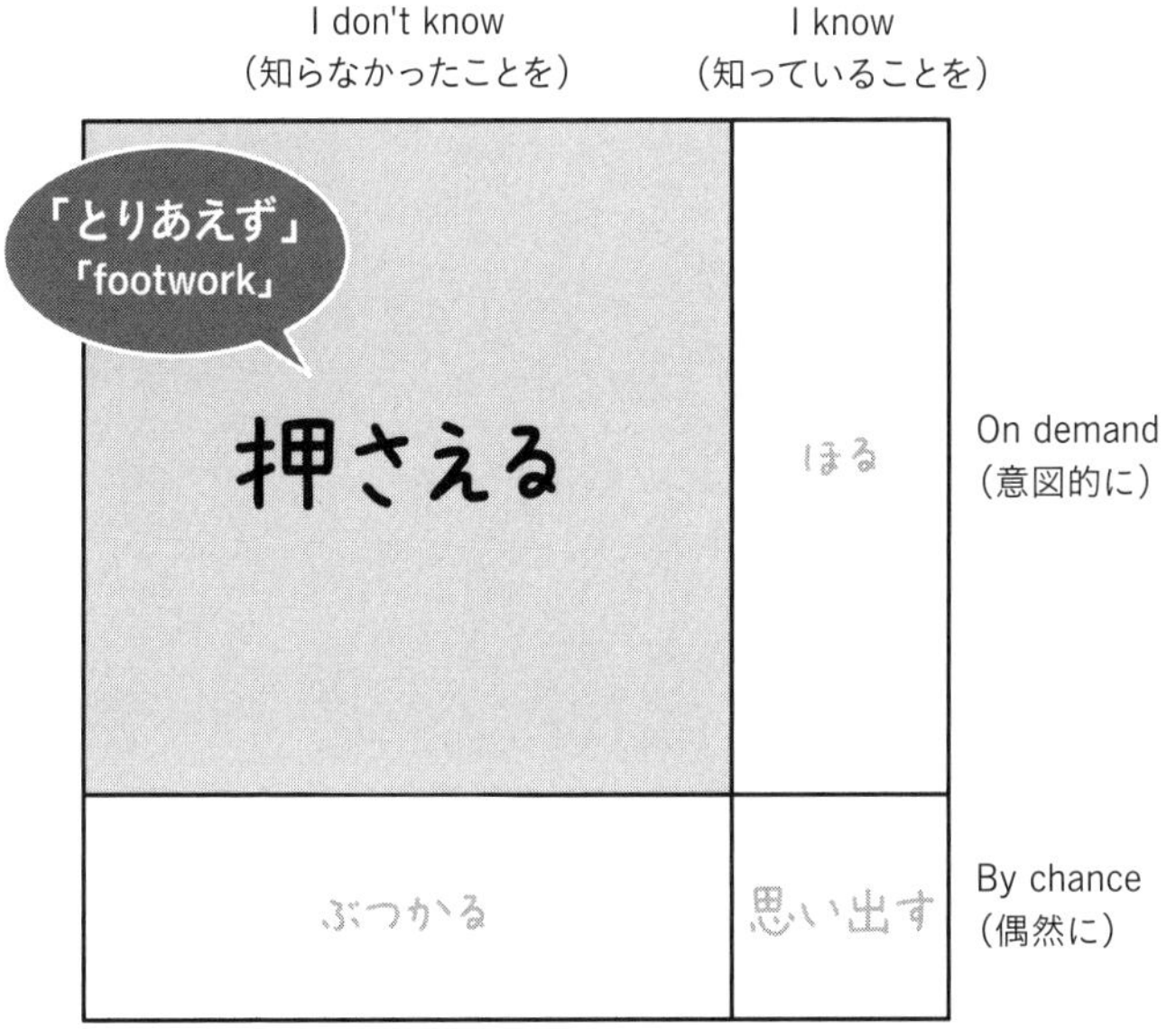

9

「押さえる」の実際（「たぐる」ケーススタディ#4）

「押さえる」は外部に向かって情報を求めていく動きになります。入り込み方は浅くとも、能動的な「たぐる」行為です。

・インターネットでWebサイトを検索、閲覧
・SNSや掲示板サイトをチェック
・代表的なオピニオンリーダーの主張・意見を知る
・そのテーマについて書かれている本や雑誌を流し読みしてみる
・いわゆる入門書を読む
・自分の周辺に軽くヒアリングしてみる

ついついインターネットの力を借りたくなりますが、雑誌や書籍を活用することもお薦めします。1冊の本の裏には、驚くほどのボリュームの知識と体験とが濃縮されてます。果汁500%ジュースみたいなんですね、本って。

例えば入門書を手に取ってみてください。〝2時間で分かるシリーズ〟などのタイトルがついているもの、あるいは就職活動用にまとめた本。マンガ版もいいです。忙しいあなたの時間をショートカットできます。関連する特集や記事が載っている雑誌を含めて数冊置いておくと辞書代わりにもなって助かります。

ただし、1冊だけではなく何冊かまとめておくことを忘れずに（可能な限り異なる著者を）。本としてまとまっているとどういうわけか書いてある内容に間違いはないように思いがちですが、誤りも結構あります。鵜呑み、もコワイですし。全体把握が「押さえる」の目的ですから、情報源はある程度分散させておきましょう。

スキルがあれば、入門書ではない書籍を5冊から10冊ほどまとめて斜め読み、もしくは速読するのも素敵です。2冊目、3冊目と進むうちに、情報がダブってくることも含めて、全体感が摑めてきます。間接体験の項でも触れたように、複数視点から問題を検証してみるのは真の課題がどこにあるのかを診断するのに非常に役立つからです。

この本につながるアイデアを出すために
「押さえる」した資料の数々（の一部）。

10

「ほる」——「たぐる」小技：その4

「たぐる」の小技、最後は「ほる」です。

【ほる】

深く知りたいと思う案件について、図書資料の精読や関係者へのヒアリング、高度な技術の修練などによって専門的、「deep」な知識や知見を収集し体得すること。業務上の必要に迫られて行う場合と、自身の強い希望に基づいて行われる場合がある。その領域に関しては「詳しい」と称される。

「押さえる」がいわゆるサーベイ、概況把握だとすると、「ほる」はもっとディープに、深く踏み込んでいきます。好きこそものの上手なれ、で、本人は意識していないうちに気がついたらいっぱしの専門家と呼ばれるようになっていた、なんてこともあるかもしれないですね。

あなたがアイデアパーソンとして自立していこうとするならば、できるだけ早い時点で一つか二つほど、「ほる」ことを強く勧めます。人材開発・教育の世界では「Tの字人材」を育てよう、とよくいわれています（もう一本増やしてπの字になるべしとおっしゃる方も）。アイデアパーソンも同じです。T字の横とは幅広くアイデアを出せるカバー領域の広さ、そして縦が「ほる」ことで生まれる専門性。両方が欲しい、とあなたも思いませんか？

それは十分に可能です。専門家といっても日本一である必要は（とりあえず）なくて、まずはチームや会社の中で詳しい、深い知見を持っていると認定されたらOK。目指せ、なんちゃって専門家！　一度橋頭堡《きょうとうほ》が確保できたら、もうしめたもの。他のメンバーとのリード差を守りながら、さらにその差を拡げるべく、直接&間接の体験を増やしていけばよいのですから、あとは比較的楽です。

チームで作業する場合において、「分業」は有効であり、全体の効率を上げます。アイデアパーソン相互についても事情は同じ。任せるところは思い切って任せる。その分、ご自分の〝担当領域〟では負けないように。専門的な知見はアイデアパーソンの個性でもありますから。

ジャンルも、自分が興味あるところからでよいと思います。一見仕事と関係なくても大丈夫。アイデアは既存の要素の組み合わせですから、どこかで関係性は出てきます。それにあなたの専門領域が発端になって、チームメンバーの「思い出す」を「たぐる」こともできますよね？　アイデア稼業のわたしたちにとって、無駄な知識や体験は一つもないのです。こういうところも「わがまま」でやっちゃってください！

「たぐる」小技：その４「ほる」

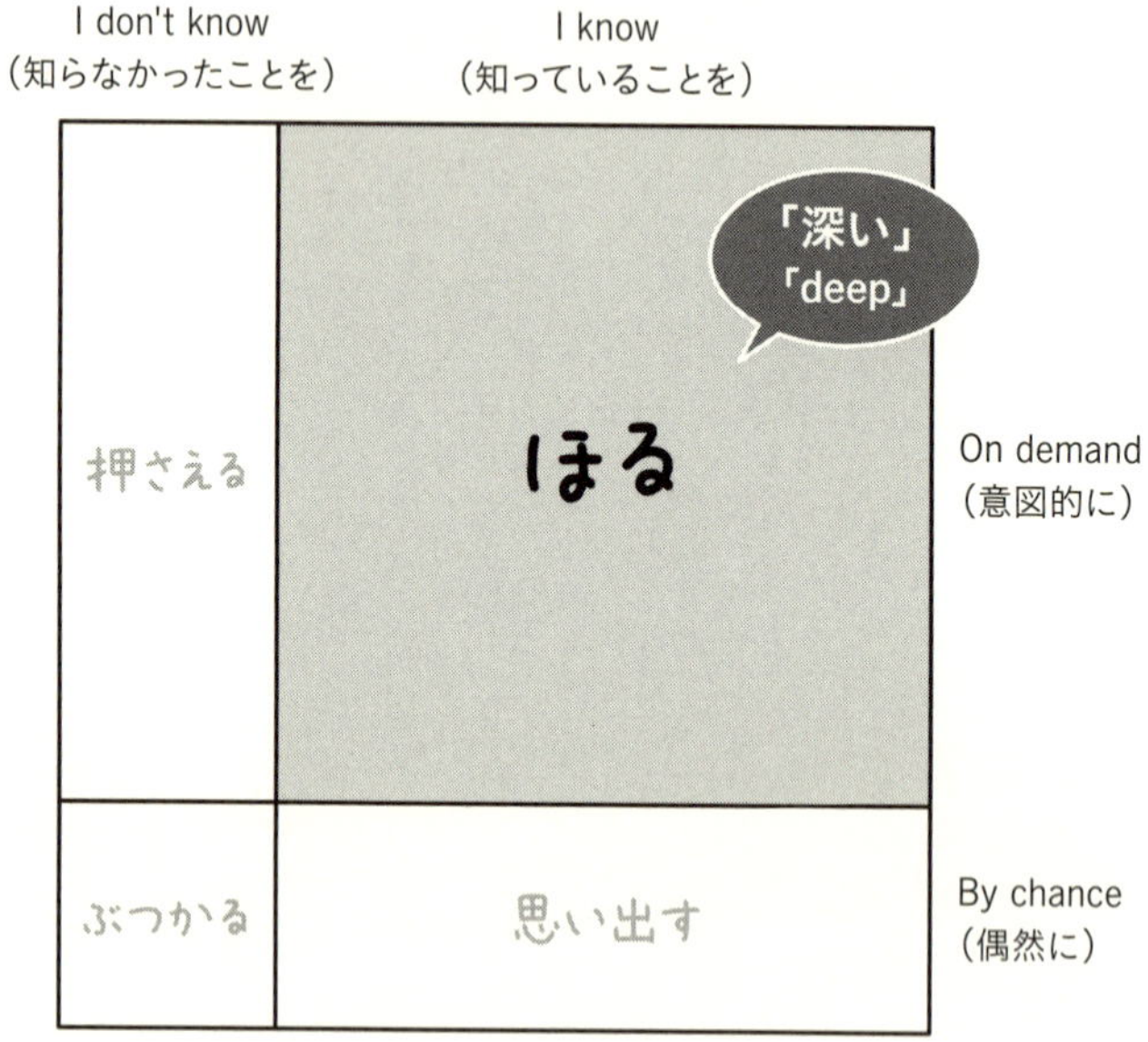
I don't know
（知らなかったことを）
I know
（知っていることを）
「深い」
「deep」
押さえる
ほる
On demand
（意図的に）
ぶつかる
思い出す
By chance
（偶然に）

11

「ほる」の実際（「たぐる」ケーススタディ#5）

四つの小技の中で「ほる」が一番目的指向性の働く「たぐる」です。どこまでいくかはあなた次第。なんにせよ、自分なりの〝尽くした〟感が出てくるまでは「ほる」のがよいと思います。

・追いかけているテーマについての本を20冊は読み込む
・業界紙、業界誌を購読する
・自分より詳しい人へインタビュー／意見交換する
・記事検索データベース等で該当テーマに関する記事を読み込む
・好きな作家の作品をすべて読み倒す
・好きな監督／脚本家／俳優の映画をすべて見る

深いところまで「ほる」といっても、秘密のナントカクラブとか、とってもコストがかかる会報誌を購読するところまでいきなり入る必要はありません。「分業」の考え方を導入すれば、今までと同じ金額、同じ時間で構わない。その内訳を変えて、どこかに集中してみるだけで結構効きます（フツーの勤め人で業界紙を自腹で読んでる人なんてそういませんからね）。つまり、リソースの配分を見直してみるだけで充分専門家になれる、といいたいのです。

その領域に対して強くなると、あなたのアイデアも変わってきます。細かいところにまで目が届いた丁寧さが出てくる。

例えばこんなケース。お酒って、グラスの形状でかなり味が変わるんです。紙上ではお伝えできませんが、とにかく驚くほど変わります。わたしが「ほる」で得た直接体験です。一方、お店でいただいたら一杯5000円する銘酒がある。その二つの既存の要素を組み合わせれば、「お酒自慢のお店で、お酒代とは別に特別グラスの使用代をいただいて、より美味しいお酒を楽しんでもらう」、そんなアイデアが出てきます。「ほる・たぐる」をしていなければたどり着けなかった一案です。

「ほる」ことに習熟していったときに、アイデアパーソンとして一つ注意しなければいけない点があります。それは「ほる」対象がクライアントであったり、モロに仕事の本業だった場合に距離感を失ってしまう失敗。一体化しすぎるのもよろしくないのです。先の例なら、「そんなこといっても、お酒に加えてグラス代なんて取れないよ」とアイデアパーソン自身が自分のアイデアを否定してしまうような。

アイデアパーソンは課題やクライアントに対して第三者的な立場をキープしていなければいけません。問題を理解し寄り添うことと、一体化しすぎてしまうことは違います。

上には上がいるのは十二分に承知の上ながら、
自分なりに「ほる」。

撮影／著者

12
「たぐる」は4種の複合技！

最後に総括を。「たぐる」とは、「ぶつかる」「思い出す」「押さえる」「ほる」以上四つの小技によって構成されていますが、実践的な「たぐる」は小技単体のみで成立するものではなく、いくつかの小枝が入れ替わりながら流れをなしていく複合技になります。

既存の要素を取りにいくための「たぐる」、それから一度取り込んだ知識や記憶をいつでも取り出せるための「たぐる」。分けられるようにも見えますが、実際は渾然一体。入り乱れての複合技です。

■「ぶつかる」→「押さえる」→「ほる」

■「ぶつかる」→「思い出す」→「ほる」

このあたりは割に頻繁にありそうですね（サンプルは次項にてご紹介）。

■「ほる」→「思い出す」→「ぶつかる」

こんな反対のパターンもあります。

こうした「たぐる」の流れには大きな流れもあれば、小さな流れもあります。ホームランにつながる「たぐる」から、セーフティバントのような渋いヒットまで。いずれにしてもあなたから生まれるアイデアの量が増えること、そして出てくるアイデアの質がよくなることに貢献してくれることが肝要です。あなたの体験（直接体験、間接体験）と知識を豊かにすることが目標ですから。

また、同時期に何本かの「たぐる」流れは並行して走ります。仕事上での「たぐる」に加えてプライベートでも2本……など、など。それ普通です。いくつもの「たぐる」流れが新しい知識と体験をあなたにもたらし、古い記憶を甦らせる。脳を24時間循環風呂にすることがアイデアパーソンにとって大事なことなのでした。

「たぐる」は4種の複合技

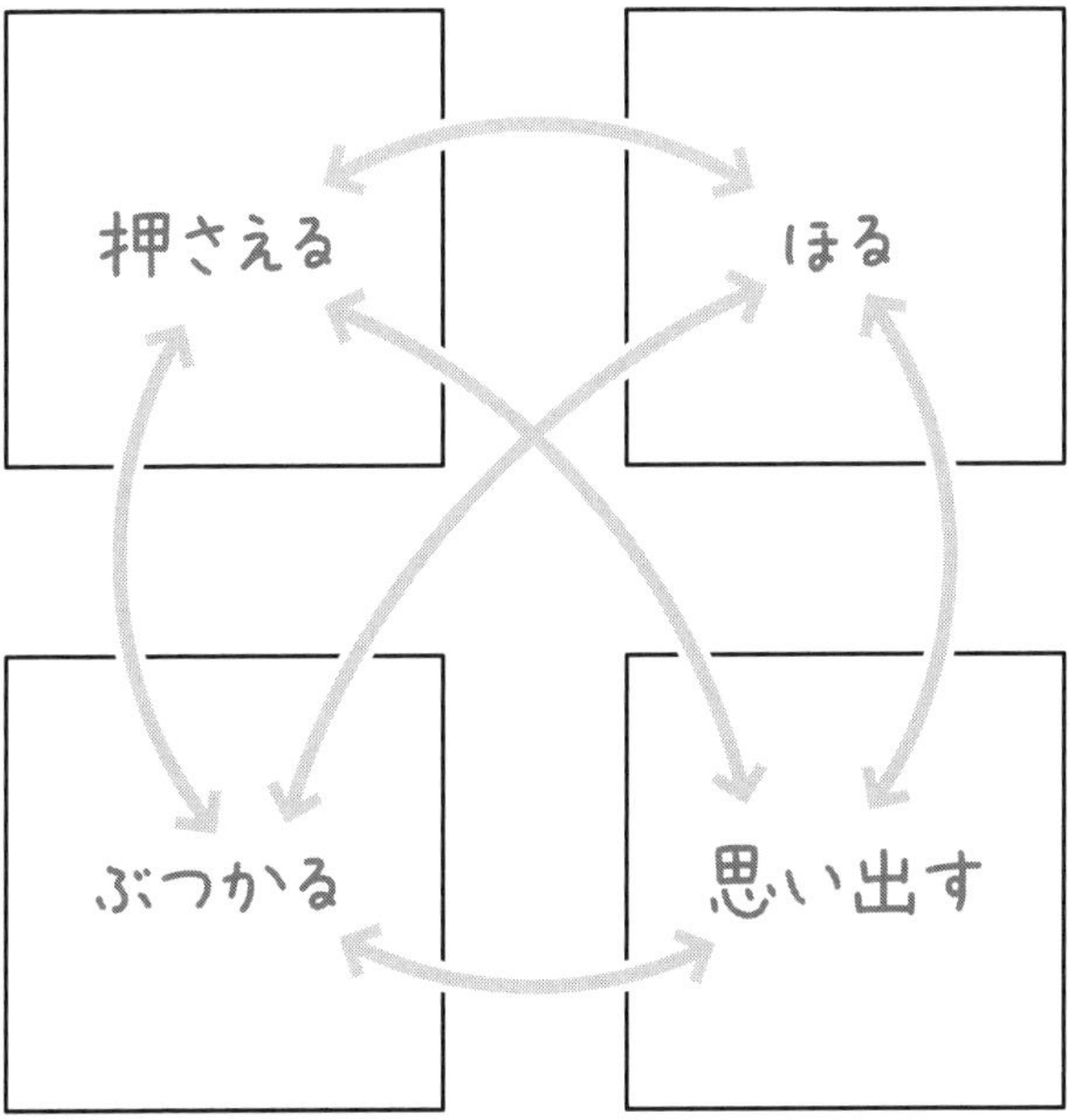

「情報を集める」なんて大まかに括りすぎてしまうとカラダも動きにくい。小技に分解するのがコツ。また一つの技だけでは不十分。自然に行っている「行ったり来たり」をより戦略的にできれば!?

13

複合技の実際①（「たぐる」ケーススタディ＃6）

「たぐる」実践編のケーススタディ、こんな感じです（145ページ）。

■「ぶつかる」→「押さえる」→「ほる」

①○○文学賞決定のニュースをスマホで見る：【ぶつかる】
（ふーん、でも読んだことない作家だな……面白いの？）
←
②迷ったものの、素直に受賞作を買って読む：【押さえる】
（あれ、確かに面白いや……受賞するだけあるわ！）
←
③止まらずに一気読み。過去の作品含めて大人買い：【ほる】

（うーん、やられた、ハマった！　もっと早く読めばよかった、後悔！）

この流れ、以前は一般的だったそうです。文学賞発表直後、受賞作家の本は過去の作品を含めて売れていくのが出版界の常識だったとか。なので受賞作は当然、他の作品も増刷をかけたりしていたとのこと。ところが最近では、受賞作だけしか売れないこともあるそうです。「押さえる」の段階で「たぐる」流れが止まってしまうんですね。

一方、新しい「たぐる」の流れも登場しています。受賞作が映画になり、ドラマになり、アナザーストーリーがまた本になり……と、「作家」ではなく「作品そのもの」を中心にしてコンテンツが拡張され、それが独りよがりにならずにシナジー効果で売れていくパターン。やっぱり人の好奇心、関心は一点に止まらないものなのでしょうか。

あるいは、とりあえず読んでみた受賞作に登場する商品や何かになぜか惹かれて買ってみて（「押さえる」）、本じゃなくてその商品の方に「ほる」が進んでいく……なんてこともありますね（わたしはとある本で「ぶつかる」した後、クラシック音楽をかなり聴くようになりました）。

■「ほる」→「思い出す」→「ぶつかる」

①担当クライアントの過去の記事を検索。2000年に転機ありと知る：【ほる】
　　↓
②その晩のカラオケで2000年のヒット曲をリクエスト：【思い出す】
　　↓
③上司が2000年に体験した、マル秘案件の裏話を聞く：【ぶつかる】

こんな流れもあるわけです。①から②への展開に意味はありませんが……。

ちなみに、何を「ぶつかる」の対象にしてもOKです。いわゆるコンテンツでなくても、「2000年」という単なる情報でもいい。大事なのは〝つながっていく〟こと、気になったアレやコレやをそのまま放置せずに次につなげてみる。その意味では、すべての「ぶつかる」を次につなげてなんかいられないハズです。時間は限られていますから。それで十分。気になったところは逃さずに。面倒くさいところはありますが、ちょいと一押ししてみてください！

複合技の実際①(「たぐる」ケーススタディ #6)

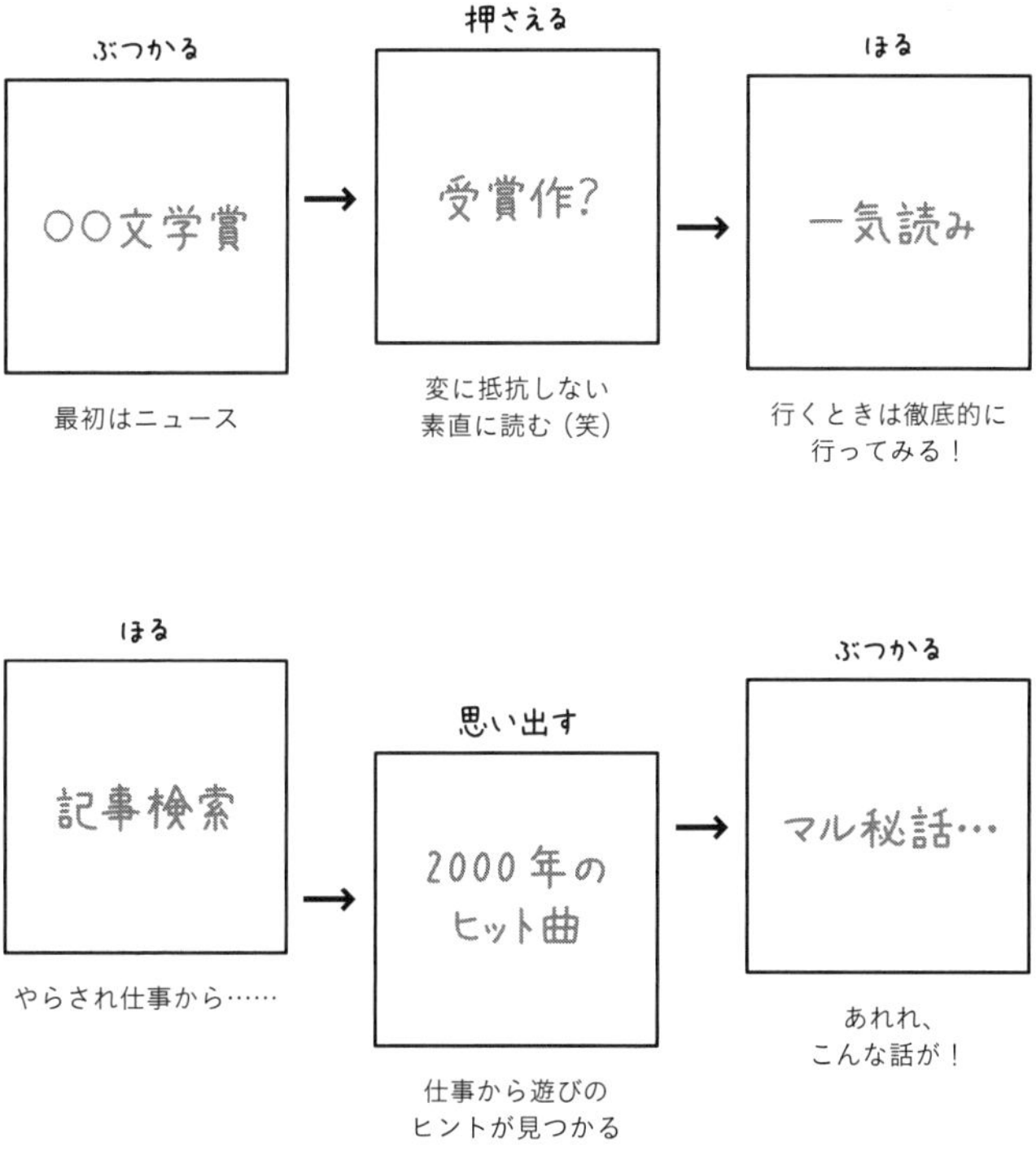

14

複合技の実際②（「たぐる」ケーススタディ＃7）

今度は生活の一コマに軸を置いた視点からのケーススタディ。

■毎日の通勤で「たぐる」

アイデア発想法の本を読んだことがある人なら、「いつもと違うルートで通勤する」という鉄則（？）もご存じでしょう。ふむふむなるほど、ということで試してみるんですが、「違うルート」って表現は抽象度が高くて実際やりにくかったりします。そんなアイデアパーソン永遠のテーマ、通勤を「たぐる」視点で具体的な行動に云い換えると……。

自分が位置する場所が変わると、まったく違う景色や情報が目や耳に入ってきます。お金をかけずに体験を増やすのにも使えそうです。「いつもと違う」を「たぐる」に置き換え、さらに小技に分割するだけで通勤バリエーションがこんなに広がります。

通勤

押さえる 乗り換えパターンを 試す	ほる すべてのドアを 乗りつぶす
ぶつかる 適当に 乗り物を変える	思い出す 昔通った あの場所経由で

通勤路は同じでもいい。
だけど手にする体験を増やすことはできるハズです。

■「たぐる」は24時間!?

朝から晩まで、アイデアは出るところ拒まず。先述の通り、アイデアパーソンの手にかかれば、カラオケボックスも「たぐる」スポットに変貌します。

恥ずかしながら、もう最新ヒットチャートには完全に周回遅れなわたし。カラオケボックスは偉大なる「ぶつかる」場です。普段はサビしか聴いたことがなくて、曲全体を初めて聴くこともしばしば……。ときには無理矢理のリクエストで「押さえる」にまわり、なんとか追いかけようともがいてます。

一方、40年以上も生きているとそれなりに体験もありますから……新しい曲を聴きつつも「思い出す」こともしばしば。ほとんど懐メロですけど○○縛り、「ほる」を意識しての一人カラオケも時々しております。歌い手じゃなくて作詞家縛り、作曲家縛り、も面白いですね……というのはさておき。

ただ漫然と次に何を歌おうかなあ、と曲名リストをめくっているだけの普通のカラオケとは全然違います。もちろん楽しさは変わりません。いやそれ以上かも?

カラオケ

押さえる この曲、 歌ってよ？	ほる ○○縛り！
ぶつかる フルで聴いたの 初めて	思い出す その歌は 止めて……（涙）

カラオケボックスは「たぐる」のワンダーランド!?

15

アイデアパーソンは生活上手

アイデアパーソンを目指す人たちにとって、アイデア界の〝格言〟が通勤ものの他にもいくつかあります。

いわく「アンテナを張れ！」とか「もっと遊べ！」などなど。こういった抽象度の高い表現は耳当たりがよくてスッと入ってはくるのですが、その実、分かったようで分からない。概念（アタマ）をリアルな行動（カラダ）に翻訳しておかないと、いつまでたってもできるようにはなりません。

一度原点に戻ってみましょう。名著『アイデアのつくり方』では、アイデアが作られる全課程を五つのステップに整理しています。

第一　資料集め――諸君の当面の課題のための資料と一般的知識の貯蔵をたえず豊富にす

ることから生まれる資料と。
第二　諸君の心の中でこれらの資料に手を加えること。
第三　孵化段階。そこでは諸君は意識の外で何かが自分で組み合わせの仕事をやるのにまかせる。
第四　アイデアの実際上の誕生。〈ユーレカ！　分かった！　みつけた！〉という段階。
第五　現実の有用性に合致させるために最終的にアイデアを具体化し、展開させる段階。

「たぐる」はすべてのステップで有効なのですが、特に第一の資料集め、に注目。組み合わせるための素材集め、ですね。見落として欲しくないのは一般的知識の貯蔵、というワードです。『アイデアのつくり方』では、課題のための特殊資料だけからはアイデアは生まれない、一般的知識とまたがるところに生まれる、とも言及されています。

慌てることはありません。一般的、でいいんです。普通の生活の中にこそアイデアへのヒントがあります。特殊な「遊び」は不要です。超高感度のアンテナも不要です。普通の中に、抱えきれないほどのネタがあります。「たぐる」上手は遊び上手ではなくて「生活上手」。毎日を精一杯楽しく充実して生きることもアイデアパーソンのお仕事です。

Q&A 5

Q 「たぐる」のイメージは摑めたのですが、「たぐる」タイミングが分かりません。24時間「たぐる」をすればよいですか？ 必要に応じて「たぐる」をすればよいですか？

A スポーツと一緒です。はじめは意識的に。あるいは強制的に。24時間とはいいませんが、機会は結構あるはずです。なれてきたら自然にやっているようになります。ただ、「たぐる」が最終目的ではありません。アイデアを出すための素材入手方法が「たぐる」です。最初は「たぐる」だけでいいと思いますが、手段が目的化しないように。

Q 「ほる」で専門家になれそうなのは分かりました。その後はやはりアップデートを続ける必要がありそうですが、自動化できるものなのかなあ？

A 「ほる」ができていると、ある程度自分ごと化できているので、それほど苦労せずにアップデートできると思いますよ。ジャンルにもよりますが進化発展しないものはないので、追いかけることはしないとイカンですが。当たり前ながら、わたしたちの生活は日々どんどん変化していきます。その変化はある程度キャッチアップしていないと、アイデアパーソンとしての打率は落ちてしまいますね。

とはいえ、実際はそれほどでもないはずです。お気に入りのアーティストに関しては新曲が出たら、その情報入ってきませんか？　あるいは定期的にカバーしているSNSから知ることができる各種新着情報もあります。自分ごと化ができていると、関連した情報は自然に目につくから不思議です（カラーバス、ってやつです）。あとは体験するための時間とお金を確保するだけ。思っている以上に専門性はキープされる、あるいは深まっていくことになると思います。

Q

自分なりの〝尽くした感〟が出てくるまで「ほる」のはかなりつらい作業だと思うのですが、それは楽しむ、あるいは機械的にやってしまうのどちらがよいのでしょうか。また、そのどちらかをするときのコツは？

A

毎回尽くしていたら死んでしまいます。考古学の世界でも第○次発掘隊、とやってますから一度に全部、じゃありません。せっかくの大切な時間とお金を使うんですから、仕事などでやむなくやる（やらされる）場合を除いては楽しい範囲で、でよいんじゃないでしょうか？

Q 「ほる」の面倒です。それではアイデアパーソンになれないでしょうか？

A まあ騙されたと思ってやってみてください。興味のあることから。ちなみに超・難しい専門書を読むことが「ほる」ではありません。深度はいろいろ。周囲の人たちに比べて詳しい、がまずはのゴール。ちょっとしたことでも「ほる」になりますから、意外に楽勝かもです。

Q 「ぶつかる」「思い出す」「押さえる」「ほる」は単体で修得するものなのでしょうか？　また順序があるならどの順序がよいのでしょうか？　それとも複合技であることが前提なのでしょうか？

A 基本は複合技です。というか「押さえる」なのか「ほる」なのか、はたまた「思い出す」なのかこんがらがっても来ます。よって最終的に意識せずにカラダが動く境地を目指せ、なんて話になってしまいそうですが、過程としては部分的にやってみることも必要でしょうね。スポーツの練習でも身体の一部分を動かせないようにしてみる「拘束練習」などのメソッドがあります。順序は……特にないと思います。

Q 「たぐる」は複合技ということですが、いまこの瞬間に自分がどの技を実践しているかを分かっていることは重要ですか。

A それぞれの小技を覚えようとしてトライされるならば、当然意識をするべきでしょう。そのあたりはスポーツと同じです。で、カラダが慣れてくると無意識的に動くようになりますよね。当然、得意・不得意もあります。それでいいんだと思います。

また、四つの小技も厳密には重なる部分もありますし、同じ捜索行動が、人によっては「ほる」であり、別の人には「押さえる」でもあるでしょう。

Q 「押さえる」「ほる」の方向感覚ってあるんでしょうか?

A 普段使いの「押さえる」「ほる」だったら、もう適当に気の向くままでよいのではないでしょうか。緊急時の場合は多少なりとも効率的にやりたいでしょうから、お題が指し示す方向性には沿ってみるのが王道でしょうね。お題を出している人が知りたいだろうことをまずは、ですね。

Q 趣味の領域で自分がすでに詳しいことが仕事上のアイデアにつながる実感がありません。「ほる」からアイデアにはどうやってつなぐのですか?

A 詳しいこと、って二つの意味があると思います。一つは知識や事実ですね。アイデアには直結するかどうかは分かりません。組み合わせてみるとヘンチクリンなんだけど、ちょっと惹かれる……なんてこともあるかも。アイデアとはまだ単なる選択肢ですから、ひるまず「わがまま」に合体させてみてください。

もう一つは、その専門性が理由となって、他の人とは違うものの見方ができたりすることです。見識、知見と書き表せるような考える態度、みたいなことです。星が好きな人だったら、何かを星座に喩えてみることが簡単にできたりしませんか。その喩え話はあなたしかできません。隣の人にとって、そしてあなた自身にとって猛烈なヒントになるかもしれません(実際、ヒントになります)。

Q アイデアパーソンは第三者的な立場であるべきとのことですが、「わがまま」であることと両立しないような違和感を感じますがいかがでしょうか？

A 「わがまま」になると、「現時点での常識外れ」になる場合があります。いわゆる当事者的には「それ無理！」といいたくなるアイデアが出てきます。それこそが第三者視点から出たアイデア（選択肢）。お題に対して理解・共感はしながらも距離を取ることがアイデアパーソンには必要だと思います。第三者とは評論家ではありませんのでご注意を。

Q アイデアパーソンと企画者は別であるべきなんでしょうか？

A ほとんどの場合、アイデアパーソンはまた同時に企画者でもあるでしょう。現実的な職業、組織内の機能としてもそうですよね。大切なのは、選択肢としてのアイデアを考えるだけの時間とそれを選ぶ時間、さらに選ばれたアイデアを具体的な企画に詰めていく時間を物理的に分割することです。同時並行はやめたほうがいいです。ロクなことになりません。

Q 通勤時、電車の広告をいつも見ています。「たぐる」ために何に注意すればよろしいですか？

A

それでいいんじゃないですか。何か気になったら、あるいはピンと来たら次の「たぐる」小枝へ。そのまま「たぐる」してください。「たぐる」は行動。思い悩むことではありません。また毎度バッチリ役に立つかはナゾです。でもやっておく。それがアイデアパーソンとしての地力につながりますので！

第5章

アイデアの数を増やす方法

1

浮かんだアイデアは必ずメモる！

「たぐる」ことが習慣化してくると、本当にいつでもどこでもフッといろんなアイデアが浮かんでくるようになります。それがアイデアパーソン体質。肝腎なお仕事上のアイデアだけではなあく、再来週に控えたデートのアイデア、明日の寄り道ルート……とゴチャゴチャに出てきます。

順番に出てきて欲しい……と思うところではありますが、わたしたちは複数の課題をいくつも抱えながら生きている、ということなのでしょう。

確かに、フッと出てきてしまったアイデアが、ドンピシャ！　である可能性は少ないと思います。だからいいや、と思ってそのまま捨ててしまうのはあまりにモッタイナイ。

アイデアは、ある一つを出発点にしていかようにも広がり、変化していく性質を持っています。いま捨てようとしている、その一案から化け物のようなスゴい案が派生するかもしれません。最初の一案を捨てることは、そこから始まるすべての可能性そのものを捨ててしまうことなのです。

思いついたアイデアは、必ずメモに落としましょう。

アイデアはかよわく、はかない命しか持っていません。せっかく生まれ出てきたんです、生かしてあげてください。

幸いにして、「メモる方法」もまた格段に進歩しています。紙である必要もありません。ペンを取り出すより先にスマートフォンやタブレット端末に入力できてしまいます。

ここでいうメモとは、まずは自分のためのメモですから、誤字・脱字は一切気にしてはいけません。実際にいます、漢字が分からないからメモを止めてしまう人が。企画とアイデアとは別物でした。いま書こうとしているのはアイデアメモ。下書きの下書きです。まだいい加減で大丈夫。誰もケチはつけませんから。

あくまでもメモ。自分だけが判読できればOK。
難しい漢字もここでは必要ありません。

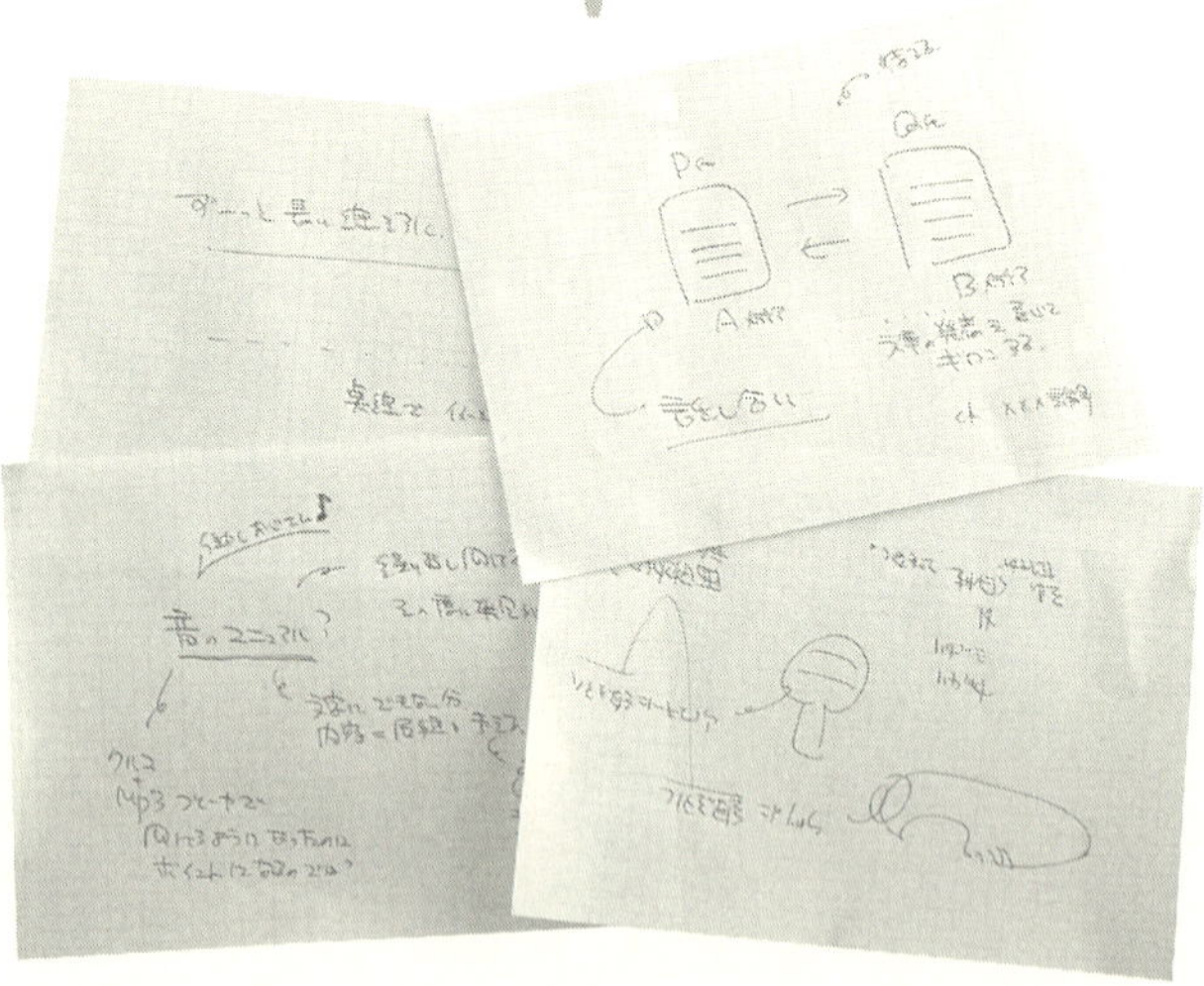

2

アイデアスケッチを数多く描く

ここまで、プロのプロたる所以《ゆえん》は選択肢（＝アイデア）の数を多く出せることだ、と主張してきました。そしてたくさんのアイデアを出しながら、その中でヒットを増やして打率を上げていこう、とも。

その前提の上で、プロフェッショナルとして成長していく順序は、まず数を出せるようになること➡続いて質も伴うようになること、だと思います。

一つの目安として、ある課題に対して最低20案のアイデアを出してみましょう。具体的には「アイデアスケッチ」[※3]を20枚描く。最初にA４またはB５サイズの紙を20〜30枚ほど目の前に用意してしまうことで自分を少しだけ追いこんで。

複数のアイデアを一枚にまとめて描いてしまうのはおすすめしません。一案一枚が原則。

アイデアは生き物。あちらこちらと自由に会議室の机上や壁、そしてメンバーの間を動き回るものだからです。

チームでアイデア出しをする際には、各自がアイデアスケッチを持ち寄って見せあいます。ちょっと、でもなくて慣れるまではそこそこ恥ずかしいですが、描いたアイデアはすべて他人に見せる、が前提です。それから、たくさん集まったアイデアの中からよいものを選びだすステップになっていきます。ゆえにあなたオリジナルのわがままなアイデアを、用紙のサイズをフルに使いながら、できる限り大きな文字で描きます。

書くではなくて「描く」。罫線のような〝ガイドライン〟なんて無視してください。もっと自由に、思うがままに。何度でもいいますが「わがまま」にやるのがアイデア、の段階です。

アイデアは描くもの。スケッチするものなんです。だから大きな字に小さな字、漢字にカタカナ、もちろんポンチ絵が入っていても全然ＯＫ。逆に文字だけであっても立派なスケッチです。

それから忘れてはいけないのは「アイデアはまだいい加減でいい」というルールです。

これ、どうしても忘れがち。ついついキチンと描く、じゃなくて書きそうになる。紙に落とすことに対しては、何か崇高な感覚があるんでしょうか？　あるいは仕事だから、という意識がそうさせるのか？　くだらないアイデアを紙にすることに対する抵抗感は、まだかなりあるようです。心のハードルが下がると、数を出すことがグンと楽になります。

ちなみに……20枚のアイデアスケッチがあるとして、ヒットなアイデアの打率ってどれくらいなのかと申しますと……かなり低い、です。ちゃんとした統計データがあるわけじゃないのですが、わたしの肌感覚としては、20案のうち自分として「まァまァいいナ」と思えるのは一つ。たった一枚です。二つあったら「今日は調子いいな〜」、三つもあったら「調子よすぎて、かえって恐ろしい」ぐらい。アイデア（スケッチ）は単なる選択肢。それくらいアイデアってたいしたことないのです。それでも出す、描く。恥ずかしいことなんですが……描く、描く、そして出す、です。

※3　アイデアスケッチ　考具の一つ。Ａ４やＢ５の紙にアイデアを描くこと。手描きでもパソコンを使ってもＯＫですが、ラフにやる。まだアイデアですから。

アイデアスケッチは、
書くではなく、“描く”。

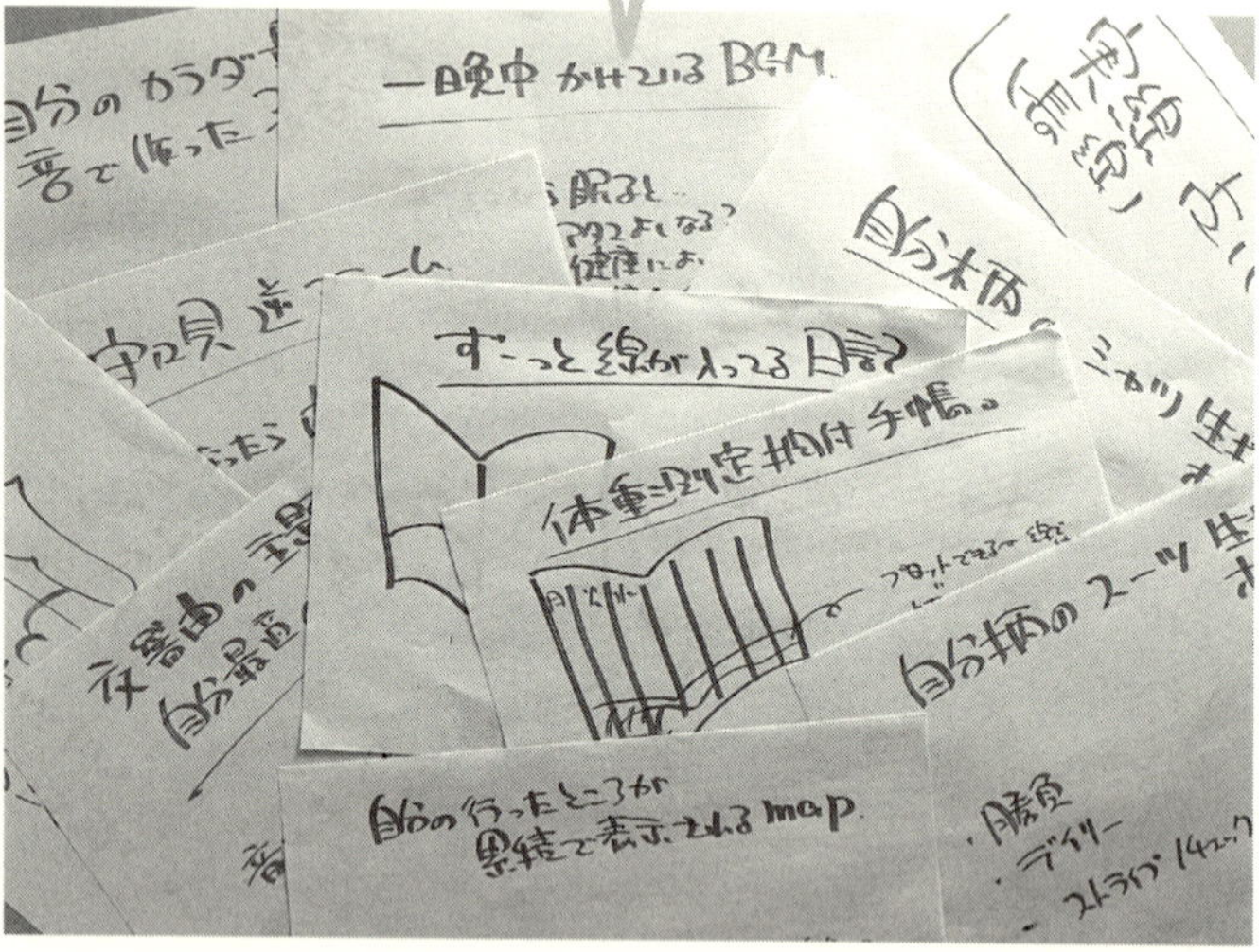

3 アイデアはちょっとの違いが大違い⁉

アイデアをメモったり、スケッチしていくときにぜひ留意して欲しいことがあります。それは、ほんのわずかな違いでも、その相違点は別アイデアになっているのですからそのまま残しておく、ということです。

アイデアを大事にする人にとっては、「AはBだ」というキャッチコピーと「AがBだ」というコピーは、別のアイデアだとカウントすべきものです。両方とも「A＝B」ということでしょ、と思いがちですが、これを括って抽象度を上げてはいけません。確かに意味は同じですが、アイデアとしてはまったくの別物である。そう考えて欲しいのです。

わたしたちの脳は、ややもするとすぐに物事を括り、束ねて、抽象度を高くしてまとめようとします。そのほうが効率的に記憶できるし、日常生活や多くのビジネスシーンでは抽象度の高い話し方でも問題ありません。

上司とのトークでも「で、整理してまとめるとどうなるの？」なんて切り返しをもらったりしますよね。組織では普通、偉くなるほど時間が貴重になりますから、短くコンパクトにして欲しいという要望が強くなるのでしょう。

レポーティングはそれで結構ですが、アイデアを考えているプロセスにおいては抽象度の高い話は逆効果です。いまやりたいことは、選ぶ自由を獲得するために選択肢をできる限り多く出すことです。まとめてしまうのはこれと正反対。やればやるほど、可能性を狭めていくことになります。

例を一つ。「新しい学校を考える」をお題にしたある「ワークショップ考具」の中で、参加者の方が「先生が全員アメリカ人の学校」というアイデアを出してくれました。これは選択肢の数を稼ぐに絶好のアイデアです。

なぜか？　２０１７年現在、地球上には約２００の国と地域があります。アメリカ、の部分を入れ換えれば２００以上のアイデアを作ることができるわけですね。しかしその人は、「アメリカ人」と描いてあるのに、心の中で「がいこくじん」と読みがなを振ってしまったんです。当然、そこで止まってしまいました。

「先生は全員カナダ人」「先生は全員赤道ギニア人」……と具体的に描いていくと、じゃあ「赤道ギニア料理の学校」なんてアイデア（まだ選択肢ですから、これがベターかどうかは後で判断します）が生まれてきます。「がいこくじん」と抽象度の高い表現で終わっていたら、おそらく「赤道ギニア料理の学校」にはたどり着けなかったに違いない。

アイデアを出すときには、抽象度を上げない。あえて固有名詞など具体的な表記を使ってみてください。ちょっとの違いを尊重することがアイデア量産のヒケツです。

アイデアはちょっとの違いが大違い！

「アメリカ人《がいこくじん？》」

「焼鳥屋《いんしょくてん？》」

4 アイデアの数を増やす方法①——ズラし

アイデアの数を増やしていくための技もあります。基本は、最初に手にしたアイデアを捨てないこと。細胞を培養していくように、一つを二つ、四つ、八つ……と増幅させていくのが有効です。元手となる、手元にある出発点アイデアを「ズラし」ていくことでアイデアの数を増やしていきます。くだらないものも出てきますが、それもひとつの選択肢。量が質を生みます。最初から〝当たり〟が出るとは限りませんよね？

方法はいたって簡単。まずは最初のアイデアを紙に一行描きます。

A：居酒屋で、高級日本酒に専用グラスを別料金でセット商品にする。

次に、その一行を主語述語、形容詞名詞……と文節ごとにバラバラに分解します（厳密にやらなくて大丈夫です）。それぞれの単語ごとに線を引いてみると目にも分かりやすいでしょう。

B：居酒屋で、高級 日本酒に 専用グラスを 別料金で セット商品にする。

続いて、傍線を引いたアイテムを他の類似アイテムに置き換えてみます。わがままに云い換えましょう。

C：焼肉屋で 高級 日本酒に 専用グラスを 別料金で セット商品にする。
D：焼鳥屋で 高級 日本酒に 専用グラスを 別料金で セット商品にする。
E：ハンバーガー店で 高級 日本酒に 専用グラスを……
F：ドライブスルーで 高級 日本酒に 専用グラスを……

数を出す、という点に限るならば、20案なんて楽勝です。CからFまでがすべて「別のアイデア」だと認識してください。焼肉屋と書いて「いんしょくてん」、焼鳥屋とあって

「いんしょくてん」と読んでしまうのは大失敗！　でした。

また、いずれも単なる選択肢ですから、この時点で一つひとつをあんまり吟味しないでおいてください。置いておく。とりあえず思いついたら描いておく、ぐらい。この、ちょっとずつ違うコトバが並んでいる感じ、絵画のスケッチと似ています。同じような線が何本も引いてあって、その中で〝正解の線〟は一本なんでしょうけど、それを確かめるためにも、あえてダメな線、ボツな線もキャンバスに置いてある。数学の勉強で消しゴム使うなメソッドってありましたね。似てるかも。

アイデアスケッチも同じように、いいかダメかをハッキリさせるためにも思い浮かんだアイデアはいったん描いてみる。ものすごく慣れてきたら１００％描きださなくても構いませんが、最初のうちはとにかく全部紙にスケッチしてみることをおすすめする次第です。

それから「ドライブスルーで日本酒はダメ」とは現時点ではいわないでください。法律違反に近いことは（当然）分かってます。でもアイデアの段階ではまだ（実際はゼロかもしれませんが）可能性があるのだ、という考え方をしておきます。こうやって現実に言葉を広げてみると、また新たな発見が生まれてくる可能性を捨てたくないからです。

それよりも何よりも、今はアイデアを出すだけの時間です。どの案がいいか悪いかを判断する＝選ぶのは次の段階。選択肢であるアイデアを出すことと選ぶことを一緒にやってはダメなのでした。

こうした「ズラし」の方法を使うと、最初は元アイデアに近い新アイデアが出てきます。そしてだんだんと離れていって……ヘンなアイデア、大胆なアイデアが生まれてきます。なれてきたら〝途中のアイデア〟をスッ飛ばして、大胆なアイデアからスケッチすることもできるようになりそうです。いずれにせよ、この段階ではまだ単なる選択肢。細かいツッコミ＝ダメ出しは一切不要です。

もう一点。どこまでズラしていっても、結局はその時点で自分が知っている言葉でしかズラせません。要するに、知らないことは描けない。つまり、すべてのアイデアは考えている人の中、記憶の中からしか出てきません。発想法の多彩さよりも既存の要素が大事と申し上げている理由です。どこまで行っても、アイデアがやってくる源泉はあなた自身の中にある、あなたの中にしかないんです！

アイデアの数を増やす方法① —— ズラし

居酒屋

で

高級

日本酒

に

専用グラス

を

別料金

で

セット商品

にする。

分解してみると、「ズラす」ことが簡単になる。
どこに目をつけるか？

5

アイデアの数を増やす方法②――問いかけ

アイデアの数を増やすテクニックの二番目は、問いかけることです。まずは同じく、紙に最初のアイデアを置き、分解します。

B：居酒屋で、高級　日本酒に　専用グラスを　別料金で　セット商品にする。

今度は、この一文に向けて、問い/クエスチョンを発します。例えば「どこかを拡大できないか？」と聞いてみる。どのアイテムでも構いません。自由に、わがままに。答えを出してみます（少々無茶な答えでまったく問題ナシですよ！）。

G：居酒屋で　高級　日本酒に　専用グラスを　別料金で　グラスキープにする。

※単発売りでなくて、ずーっと。販売期間を拡大してみる
H：居酒屋で 高級 全部の酒に 専用グラスを 別料金で セット商品にする。
※ウイスキーも焼酎もそれぞれ専用グラス。……あるのかな？ まァいいや。後で。
I：居酒屋で 高級 日本酒に 持ち込みマイグラスを 別料金で ……
※拡大じゃない気もするけど……思いついちゃったら、描いとこう！

こんな調子。複数アイテムを一度に動かしてももちろんOK。一つひとつ新規にアイデアを思いつくのではなく、動かして増やしていくんです。

有名な質問リストに「オズボーンのチェックリスト」[※4]があります。

●転用したら？
●応用したら？
●変更したら？
●拡大したら？ ↑今回のサンプルはここ。どこから聞いてもOKです。
●縮小したら？

●代用したら？
●置換したら？
●逆転したら？
●結合したら？

という9つの問いかけ集です。

答えが出にくい質問もあります。元のアイデアと相性悪いんですね。それはサックリとスルーしてください。全部が全部やる必要はナシ。手法はあくまでも手法。大切なのは、わがままなアイデアをたくさん出すこと。キッカケはどの質問でもいいじゃありませんか。また、出てきたアイデアは、すでにどこかで実現されている案かもしれません。当然可能性あります。でもそのまま出しておきましょう。なんたって選ぶのは後。ダブリかぶりを含めたチェックはその時でOKです！

※4　オズボーンのチェックリスト　「既存の要素」の組み合わせ、その基本パターンを網羅するチェックリスト。質問になっているのがミソ。答えを考えることがアイデアに直結します。

アイデアの数を増やす方法② —— 問いかけ

オズボーンのチェックリスト

転用したら?	現在のままでの新しい使い道は?
応用したら?	似たものはないか?　真似はできないか?
変更したら?	意味、色、動きや臭い、形を変えたらどうなる?
拡大したら?	大きくする、長くする、頻度を増やす、 時間を延ばすとどうなる?
縮小したら?	小さくする、短くする、軽くする、圧縮する、 短時間にするとどうなる?
代用したら?	代わりになる人や物は? 材料、場所などを代えられないか?
置換したら?	入れ替えたら、順番を変えたらどうなる?
逆転したら?	逆さまにしたら? 上下左右・役割を反対にしたら?
結合したら?	合体、混ぜる、合わせたらどうなる?

6

アイデアの数を増やす方法③——わがまま全開!

アイデアとは「わがまま」なものであるはずでした。もっともっと、もーっとわがままに考えて欲しい。修正はいくらでも後できますから安心して拡げましょう。何度でも申し上げますが、判断するのは後で、です。

A:居酒屋で、高級日本酒に専用グラスを別料金でセット商品にする。

スタートは同じでも、最終ゴールである「居酒屋の売り上げ拡大」だけはキープするぐらいで、もっとわがままに、自分勝手にこのアイデアを動かしてみてください。

J:居酒屋で、結婚式をやる

K：居酒屋で、成人式をやる
L：居酒屋で、フランス料理の料理教室をやる
M：フランス料理屋で、居酒屋料理を出す
N：居酒屋が、老人ホームにケータリングする
O：居酒屋で、皿洗いの手伝いしないと飲ませない超高級日本酒がある
P：シャンパンしか出さない居酒屋さん
Q：料理の名付け親権を売ってみる
R：出されたサケをだまって呑む。漢・居酒屋
S：女子学生専用アパートのまかない担当
T：自分の親の味を忠実に再現してくれる店
U：注文した料理と酒の総カロリーの上限が決まっている居酒屋

……なんかもう、ハチャメチャ。でもこれぐらい自由に、適当にやってて全然問題ありません、アイデアを考える段階では。まだ選択肢ですから。

意外とNプランなんか、可能性ありそうですものね。お店の負担もそれほどでもなさそ

うですし（……と、実現性を考えるのが「思いやり」でした。順番に注意です）。

こうして実際に手を動かしてみる（アイデアを出すとは、紙にそのアイデアを描くことです！）と、アイデアパーソンとしての自分の守備範囲がぼんやりとしながらも感じられてきます。悪くいえば限界のこと。

持っている既存の要素＝直接体験、間接体験、知識のジャンルや幅に、アイデアが左右されてしまうのがよく分かります。アイデアを考える組み合わせ手法にいかに長けたとしても、材料が乏しければアイデアパーソンとしての限界はすぐにやってきてしまいます。

その限界を打ち破るにはどうしたら？　答えはもうご存じですね。

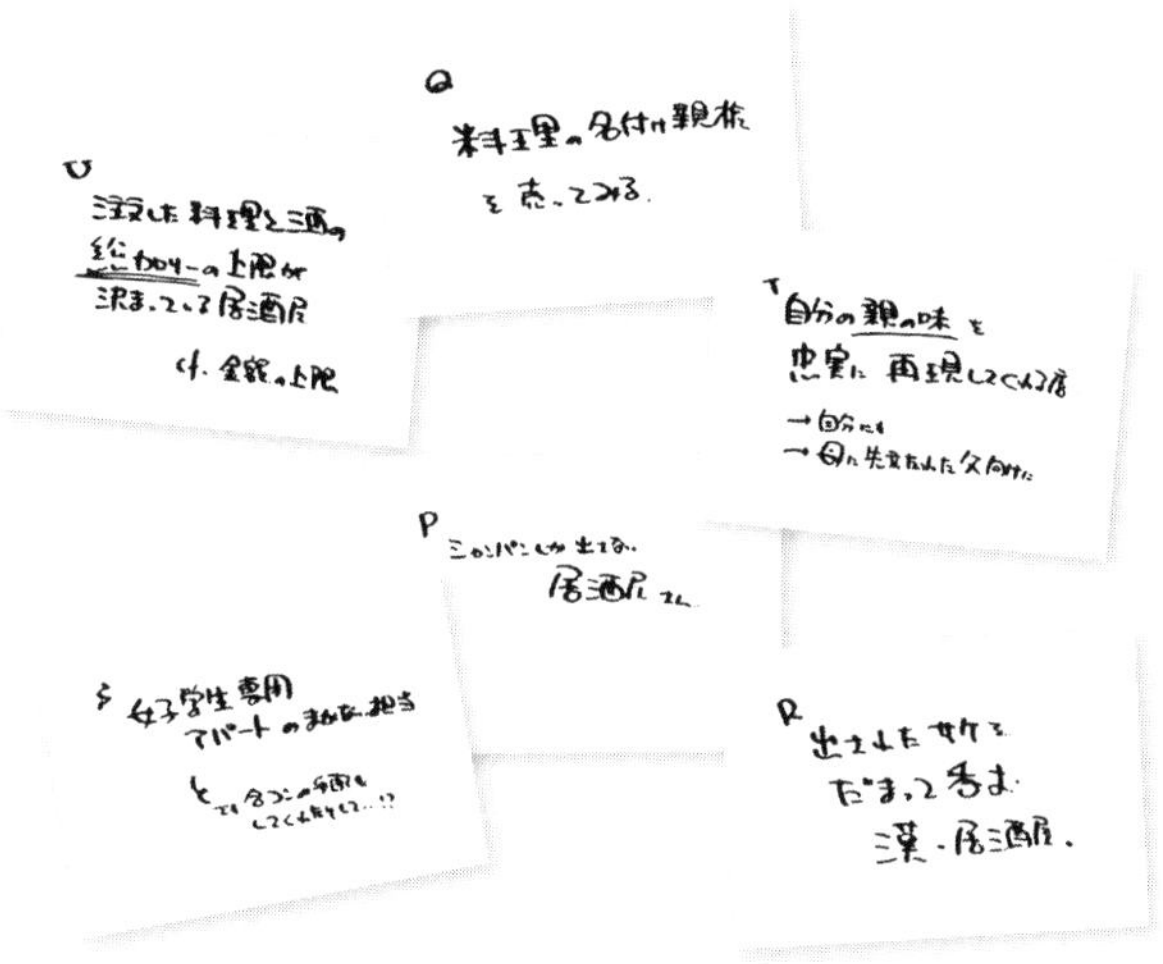

わがまま全開！

Q&A 6

Q 上手なメモの取り方ってありますか?

A 手描き、写真、録音……手法はさまざまです。これからも増えるでしょう。どれがいいとはいえません。いろいろお試しください。自分との相性ってやっぱりありまして、残念ながら、そのあたりは実際に試してもらう必要があります。試す＝カラダを使うのは大事です。いきなりアタマで判断しないで、メモの種類を試してみることも選択肢を出すことです。選択肢を出してから選ぶ、原則はここでも有効です。

Q メモはよく取るのですが、整理できずにいて活用することができません。どうしたらよいでしょうか?

A 忘れてしまったのなら、そのときにはご縁がなかったんだね、と個人的には考えています。上手にデジタル化できているのなら、「ついで検索」などの技で改めての再発見ができるとさらにアイデアがふくらむ可能性がありますね。

Q アイデア出しに使うツールは？

A アイデア出しに役立つツールを「考具」と呼んでいます。その目的を大まかに整理すると、

①既存の要素を「たぐる」ための考具
②アイデアを思いつくための考具
③アイデアを企画へ整えていくための考具

の三種類。その視点を持って探してみると、本当にたくさんの考具が見つかります。それだけアイデアがビジネスにもプライベートにも求められているんでしょうね。わたしもそのすべてを試したわけではありませんが、それぞれに特色もあり、効果もあるのだと思います。ただ、残念ながら道具なので使う人との相性があります。相性を見抜くには、少なくとも何回かは実際に試してみないと分からないでしょうね。そのプロセスは省略できないみたいです。

まずは書店に並ぶ本を片っ端から手にとって、あるいはインターネットにある情報

を「押さえる」してみてください。その中で何となくピンとくるものがあったら、使ってみる。「押さえる」から「ほる」ですね。

あなたが最初に選んだその考具がぴったり来たらとてもラッキー！　でもそれほどの好感触でなくても、数回から10回ぐらいは使ってみてください。カラダに馴染んでくるとまた違う感覚が襲ってくることもあります（ここが難しいところ）。最初は硬くて靴擦れしたけど、いつの間にか抜群の履き心地を提供してくれる革靴みたいな考具もあります。

何度やってみても相性がもう一つな考具もあります。どこかで見切りをつけることも必要。また使っているうちにあなた自身の技量が発展して、物足りなくなる可能性もあります。それは考具の交換、または追加のタイミングかもしれません。

一つ二つと考具を使い込んでいくと、考具ごとの個性というか特徴が分かるようになってきます。あるいは自分の状態によって考具を使い分けてみたりすることができるようになってきます。スポーツ用の道具と同じです。プロの選手はバットやクラブを自分専用にカスタマイズしたり、場面によって使い分けていたりしますね。

そこまで行ったら、もうその考具は自家薬籠中の逸品。少々時間はかかりますが、あまり焦らずに、でもアイデアは出し続けながら、自分なりの考具ラインナップを整えてみてください。

Q 「思いついたら描いておく」のはなぜですか？

A まずは、すぐ忘れちゃうからです。それから、今思いついたアイデアが、すぐに採用されるとは限らないからです。３年前からずっと思っていたんだけど……そんなアイデアから生まれた企画、たくさんあります。あなたのそのスケッチも構想ウン年の大作、になるかもしれません。要はアイデアって在庫できるんだと。クサリませんから。今回はダメだったアイデアが花開く日がやってくるかも。

Q 「アイデアスケッチはＡ４サイズをフルに大きな字で」――大切だと思いますが、どうしてもチマチマとメモを取ってしまいます。

A 自分用のメモと違って、アイデアスケッチは他人にお見せするものです。それもあって、大きな字が基本おすすめです。ある程度の面積はあったほうがいいですが、用紙サイズは何でもいいです。

ペンについては、制約はありませんが手描きがいいと思います。文字で描くだけではなく、なんちゃってのポンチ絵なども時には使って。文字の大きさを変えたりすればアイデアの大事なポイントをある程度反映もできます。その意味も含めてアイデアをかくことを、アイデアスケッチを描く、と呼んでいます。そしてスケッチを描くには太さがいつでも一定になってしまう筆記具はちょっと不便です。線の太い／細いも直感的に描くには大事だと思うので。

ご参考までに、わたしは3Bとか4Bの太い芯の鉛筆、ペン先が太い万年筆、角芯のペンなどを愛用しています。ホワイトボードマーカーも角芯派です。字が下手なのをごまかせるのも、角芯のいいところです（笑……でもホントに）。

Q アイデア出しの練習はブレーンストーミング？

A 本来のブレーンストーミングは、アイデアという名の選択肢が増え続けるだけ、のセッションであるべきです。なんですが往々にして、誰かがアイデアを出す→リーダー格の人が難癖をつける、却下する……という「不毛な一問一答」が繰り返されるケースが散見されます。アイデアを出すことと、判断することを一緒にやってしまう失敗のパターンです。だからブレーンストーミングは批判厳禁、なんです。正確には「批判してもいいけど、後でね」。

もちろん、アイデアスケッチを見た瞬間に「これ、くだらねーな〜。ナイナイ！」って0・001秒ぐらいは思うかもしれません。思ってしまうこと自体は仕方ないとしても、口には出さないこと！「なるほどね〜」と、そのアイデアが選択肢のひとつである、と認めて、でもまだ判断はしないで次へ行く。

また、アイデアを増やし続けるためには、アイデアスケッチを持ち寄り、以上終了、ではアイデアパーソンたちが集まる意味がありません。持ち寄ったアイデアを元手にしながら、その場でさらにアイデアを増やしていく作業を行います。これがブレーンストーミングの醍醐味です。

具体的には171ページでご紹介したような、その場に出てきたアイデアの一部をズラしたりしながら、要素を交換して新しいアイデアを追加していくことを即興的に行います。ちょっとしたジャズセッションみたいです。「云い換え」と呼んでいます。で、こうしたヤリトリをいきなりやるのは相当ハードでして、事前に「自分のアイデアを自分でズラしたりしながら数を増やせる」ように練習しておくとスムーズに入りやすくなります。チームでワークする場合は、参加するアイデアパーソンの個人技量がある程度必要なんです。個人技があってのチームプレイ。こんなところもスポーツに似ているな、と思ってます。

Q

「思いやり」って具体的になんですか？

A

『川崎和男　ドリームデザイナー』から引用します。

「まず自分が『これがほしい』っていうものを作っちゃう。ここにある製品もみんなそうなんだけれども、まず自分がほしいなというものを作る。それから、これを友だちはどう思うだろうかと考える。例えばお父さんのためとか、お母さんのためとか、兄弟のためとか、そういうことを考えていって、それから今度は、車椅子を必要としている人たちのためにはどうしたらいいんだろうと考えながらデザインを変えていきます。そういうのが工業デザインなんだよ」

……どうでしょう？

Q

質問するために必要なことは何ですか？

A スキル的なこともあるんでしょうが、対象についての関心度を高めること、つまり自分ごと化することも大事だと思います。情報の共有度を高めておくこともそう。インタビュー前に相手のことを調べておけって、そういうことですよね。

Q アイデア出しは頭の柔らかい若手のほうが得意なんでしょうか？ オジサンには難しい？

A そんなことないと思いますよ。人生のベテランは既存の要素に溢れてますから。

理屈上、長く生きてらっしゃる方はそれだけ既存の要素、つまり体験をお持ちのはずです。ただ、経験の回数は多くても種類がそれほど多くないケースは想定できます。「いつもの店で、いつもの」ばかりでは、回数が増えても幅が拡がらないですから。

もう一点、アイデア出しはスポーツと一緒ですから「やったことがないとできない」「やってないと忘れる／思うようにカラダが動かない」ということだと思います。そこは〝練習〟ですね。

第6章

そしてプロフェッショナルへ

1

アイデアパーソンズ・ハイ⁉

アイデアをたくさん出すための方法をいくつかお伝えしてきました。いわれてみると、まあそうだよね、ってものが多かったでしょうか。ただ、読むとやるとでは勝手が違うこともありますから、早めに一度二度、アタマとカラダとを慣らしてみてください。

面白いもの、くだらないものを含めてアイデアをたくさん出す、すなわち「自分を脱ぐ」ことに対する心のハードルが下がってくると、もう数をこなすことはへっちゃらになってきます。最初はあんなに苦しかったはずなのに……人間って不思議なものですね。

また、アイデアを描き始めたときはそうでもなく、うーん……と唸りながらであっても、気がついたらカチッ。あなたのアイデア製造ラインにフル稼働のスイッチが入る瞬間がやってきます。なんでそのアイデアが、またどこからやってくるのか自分でもよく分かりませんが、とにかくボンボン出てくる。ドバドバ湧き出てくる。描き留めるのに一苦労するぐらいのスピードで。

こういうの、ランナーズ・ハイのようにアイデアパーソンズ・ハイ、って呼ぶのでしょうか。このあたりもスポーツと同じと思います。アイデア稼業も身体を使う仕事なんだ、と納得する次第です。

ハイになったときのグッド・アイデア打率、わたしは高くなるほうです。元が1／20ぐらいですからたいしたことないんですが……。こちらも統計的なデータは残念ながらありませんので証明はできないのですが、一般論としてもそうじゃないかな……と。考えるのに割く時間は長ければよいわけではありません。漫然と作業しているときに比べても、集中度が違うのは確かですね。

ちなみにアイデアスケッチは手で描くことをお薦めしているのはこんなところにも理由があります。よっぽどのフリック入力達人にブラインドタッチ達人ならともかく、普通は直に手で描いたほうが速いでしょうし、文字を大きくしたり、ちょっとしたポンチ絵を入れてみたり……というスケッチ表現上の〝わがまま〟も自由自在ですから。

一人でハイになるときもあれば、
チームみんなでハイになるときも。
上手に説明できませんが、とにかく楽しい時間です。

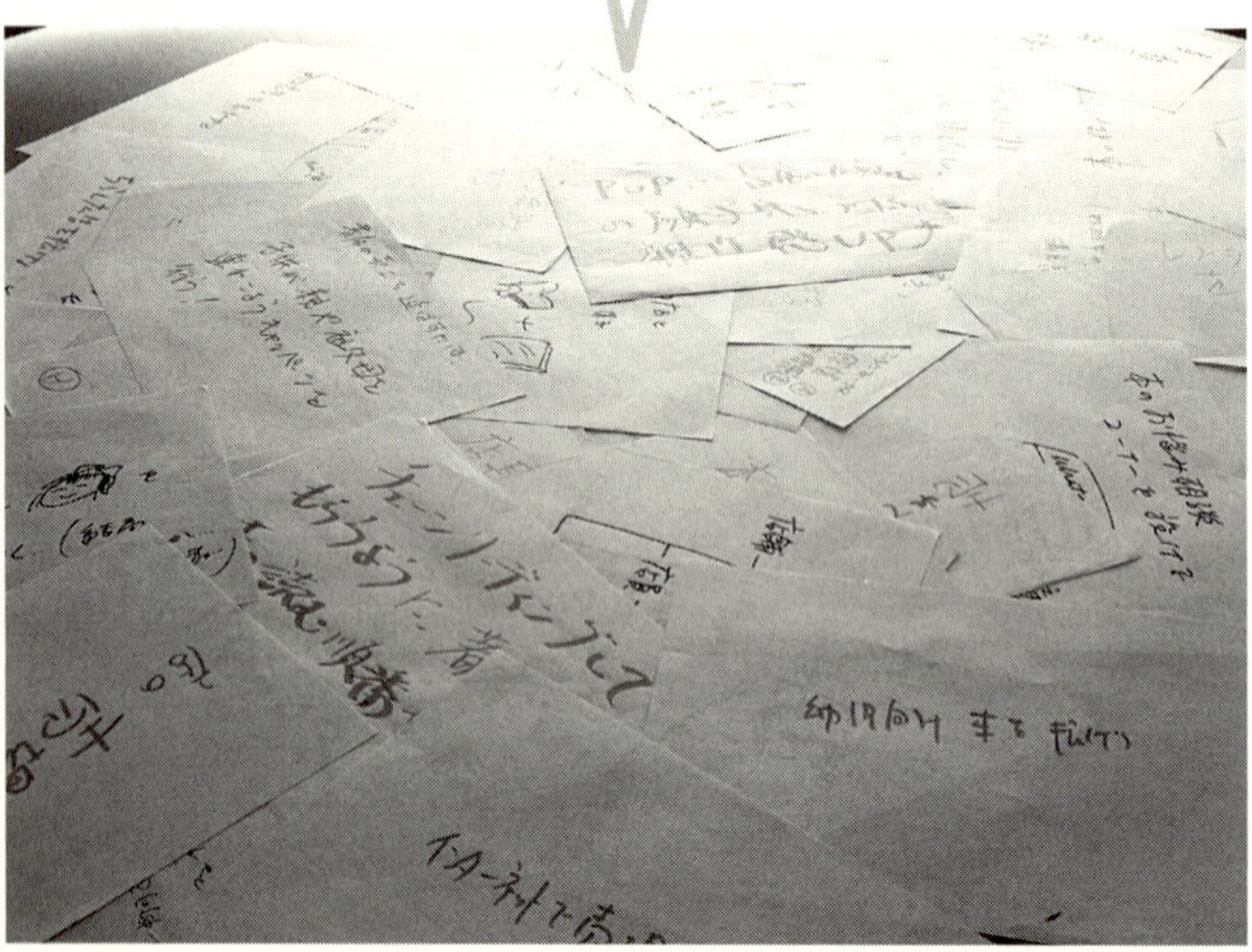

2 オールラウンダー？　スペシャリスト？

自分はアイデアパーソンとしてオールラウンダーなのか、スペシャリストなのか。

この問い、プロフェッショナルたらんと志すアイデアパーソンにとっては、一度ならず二度三度と直面することになります。

自分にどの領域のアイデアが出せるのか？　打率を確実に上げよう、と思うならオールラウンダー？　いやいやここ一番に強いスペシャリストのほうが？　悩みは尽きません。

プロフェッショナルであるならば、ド真ん中の領域はやはりカバーしたい。その上でオリジナル、ユニークな〝出っ張り〟を二つ、三つは欲しいところでしょうか。ド真ん中、とはあなたが従事している業界にとって平均的な課題のこと（平均的な課題であっても平凡なアイデアを出せばいい、という意味ではありません）。

自分なりのアイデアパーソンとしてのユニークネス、すなわち専門領域（体験の豊かな領域）をどこに置くかは、可能な限り意図的、戦略的に選ぶべきでしょう。出っ張る部分は受け身ではなく、自ら伸ばしていきたいですものね。

ただ専門性があればあるほど、時代のトレンドや、社会の大きな変化とのマッチングに左右されます。これは避けがたいリスク。

まだどうなるか先が見えない段階で、自ら手を挙げて「たぐる」を始める戦略もあれば、周囲と関係なく好きなことを「ほる」だけだったのに、気がついたら社会全体が……というケースもありそうです。世の流れにも左右されてしまいますが……。

いずれにせよ、出てくるアイデアと、「たぐる」体験や知識とは見事キレイに連動しています。知らないことはアイデアにはなりません。

決めたなら機会を見つけて、いえ作って「ぶつかる」「押さえる」、そして「ほる」を実践するのみです。

オールラウンダー？　スペシャリスト？

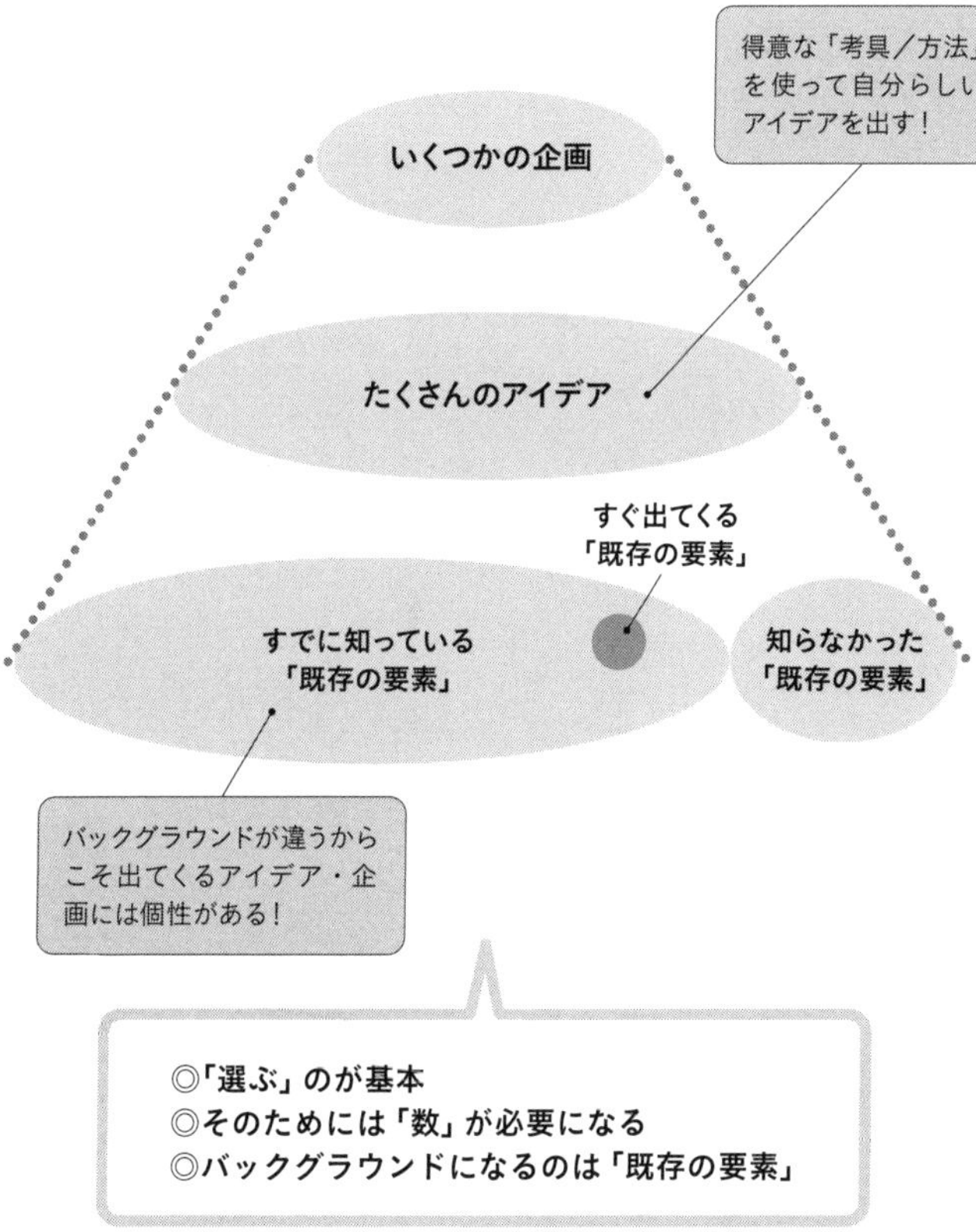

3

「たぐる」を重ねて一人十色のアイデアパーソンに

アイデアは本当に多彩です。同じ課題に対しているはずなのに、あれだけ出すことに苦しんだはずなのに、どうして他の人はあんなに軽やかに自分と全然違うアイデアを出せるんでしょうか？

プロならド真ん中はカバーしよう、がわたしの意見ですが、ド真ん中の課題に対して出てくるアイデアもやはり人によってかなり違いがあります。不思議なことに。

どうしてそうなるのか。理由はシンプルで、アイデアパーソン一人ひとりのバックグラウンドが違うから。似たような生活を送っているようで、体験は大きく異なります。

旅行好きな人はどこかで旅の香りがするアイデアが多くなりますし、グルメな方は食がらみのアイデアが得意です。〝真のプロフェッショナル〟を目指すなら、やっぱり十人十色ですねえ、と終わってしまってはいけません。

プロフェッショナルなら一人で何色ものカラーを身にまとえるようになって欲しい。男性が女性向けお菓子についてのアイデアを考えるなら、そのときだけでも、女の子の気持ちを間接的であっても理解・実感できなくて、よきアイデアにたどり着けるでしょうか？

人間国宝であった歌舞伎俳優・四代目中村雀右衛門丈から「女形（歌舞伎の女役）は極めて人工的に作り出された発明品」と伺ったことがあります。まさに至言。その当人じゃないほうが、より深く理解し表現することができるという考え方なのでしょう。ちなみに雀右衛門丈、〝女形がわかったような瞬間〟は80歳になってからの舞台上でやってきたそうです……奥深いことこの上なし！

アイデアパーソンは役者みたいなもの。与えられた役を演じることから始まって、当たり役を作る、どんな役でもこなせる。自在の変化が求められているのです。

そしてそのベースは、どれだけ既存の要素を集めてこられるか、ということに尽きます。すなわち「たぐる」上手がアイデア上手。早く一人十色の名優になりたいものですね。

4 アイデアパーソンは越境者？

アイデアについてアレコレと思考を巡らせていると、この世の中にはいろんな境界線があるんだな、と気がつきます。そしてアイデアパーソンとは、さまざまな境界線をまたぎ越えていくことが必要な職業なんだ、とも。

「アイデアとは既存の要素の新しい組み合わせ以外の何物でもない」わけですが、新しい組み合わせを作るためには、今までとは違う場所から既存の要素を持ってくることになりがちです。違う場所から持ってくることがいかに面倒で大変なことか、先刻ご承知でしょう。ダイナミックな知恵・知見の移動は、ややもすると簡単に否定されてしまうのです。

よくいわれるのが縦割りの境界線。21世紀に入ってから、組織内を横断して知恵や知見を結集させることからこそ価値が生まれる、あるいは横串での相互学習をすべきだ、という議論が多くなされています（「創発」と呼ばれているようです）。グッドアイデアは縦割りの境界をまたぐところに生まれることも多くなるでしょうし、アイデアを具体的な企画として実践していく過程では、まさに縦割りの壁を越えたパートナーシップが求められていきます。現実的には存外に高いハードルであるケースもまだまだ多いと思いますが、そのハードルを越えていくのがアイデアパーソンの心意気。境界線の向こうは、まだ見ぬアイデアへのヒントがザクザクある宝島です。

アイデアパーソンとしてヒットを打ち続けることは、個人としても、組織の中でもさまざまな境目を軽々とまたぎ越えていくことなのではないでしょうか。「たぐる」という行為も境界線を越えて体験を獲得し、知識を蓄積していく行動に他なりません。そしてアイデアを作るとは、そうした境をまたいで異なる要素を組み合わせ、結びつける行為。そこに新しい価値が生まれていくわけですから。

アイデアパーソンは越境者。そんなフレーズがちょっと気になっています。辞書ではちょっとアングラな定義。越境者とはアウトローなんです。でもまたそれがいいのかな、と思っています。

アイデアパーソンは越境者？

目の前にある課題を乗り越えていくことは、
誰かが引いた線を再びまたぎ越えることでもあります。
分割と統合。考える、とは
この二つを繰り返していくことなのでしょうか。

5 公私の壁を越境する

アイデアパーソンがプロフェッショナル、越境者として活躍し続けるためには、またぎ越えなければならない壁がいくつかあります。

一つが公私の壁。社会人として守るべきは厳然と存在していますが、ことアイデアを考えることに関しては、公私の別は不要です。仕事上の課題を解決するアイデアが、業務上知り得た情報のみから出てくるとは考えにくい。むしろ反対に、公私の別を取り払ったところにイノベーティブなアイデアがある。よきアイデアはどこからやってくるか分かりません。

アイデアパーソンは堂々と公私混同していただきたい。アイデアとは「わがまま↓思いやり」の順番でした。「私」が先、そのあとに「公」。きちんと思いやられたアイデアは、云い出しっぺであるあなたの意思はしっかりと包含しながら、邪な欲望はきれいさっぱり取り払ってくれています。あるいはもし行き過ぎた部分があったとしたなら、そこは上手に角を丸めてもらえるはず。元々はあなた個人のものだったわがままが、チーム全体（組織や企業全体）のわがままに昇華されるのです。

普通に毎日を生活している生活者としてのリアリティこそが、グッドアイデアの源泉です。むしろ「私」の部分をどれだけ充実させられるか、を考えるべきなのかもしれません。だとすれば、毎日繰り返される「普通の生活」を充実させることが、そのままアイデアの打率向上につながっていきます。

ここでもう一度、49ページのアイデア構造のピラミッドを見てください。アイデアを下支えするのは既存の要素。蓄積された直接、間接の体験と知識なのでした。

アイデア稼業は長いリーグ戦です。試合は続きます。新しい発見を求めてぐいぐいと「たぐる」こと。それがプロフェッショナル・アイデアパーソンの基礎であり、自分らしいアイデアの源。

公私の壁なんてひょいっと越境。自分の中では一体化しているべきはずなのです。

6

自己規定の壁を越境する

公私の壁を越境することに成功したアイデアパーソンの前に立ちはだかる第二の壁は「自己規定の壁」とでもいいましょうか。「ボクなんて、どうせこんなもんですよ」「それ以上は無理ですよ」ってやつです。もったいない。もうちょっとだけ、ホンのもうちょっとだけ先に行くことができれば、「たぐる」ことができれば素敵な発見があるのに……と思います。

もう改めてここに記す必要がないくらいに、世界中でいろんな人たちがいろんないい方で、セルフイメージの重要性について語っています。あなた自身がしっくりくる表現、言葉を発見してください。

で、ありがちなのが、言葉を言葉のままで終わらせてしまうこと。かく申すわたしも、人のこといえません。忙しいんだよね……に負けてしまって、ズルズルと流されてしまいます。自分自身は壁の中に取り残されたままに。

この状況を打破していくためにも越境していくこと、そして「たぐる」ことなんじゃないだろうか、と思っています。自分の限界って、よく分かりません。見えないです。自分のことは自分で測れませんから、何が何だか分からない。その点、境界線はよく見えます。部門が違う、職種が違う、プロジェクトが違う。自分にも他人にも認識できるラインが引かれています。

見えるものは、越えられます。チャンスがあったら「それ、やりたいです！」と越境してみませんか、わがままに。

越境することは、正直怖いです。自分にそれだけの能力が備わっているか不安も一杯。失敗したらボーナスも下がっちゃう……？ であるからこそ、何でもかんでも「たぐる」。もがいている、動き続けていることが大切なんじゃないでしょうか。プロアスリートが勝っても負けても練習を続けるように、アイデアパーソンも「たぐる」を続ける。結局はそれだけなんじゃないかと改めて思います。

Q&A 7

Q アイデアパーソンはオールラウンダーとスペシャリスト、どっちが多いんですか？

A 中期的な目標としては、「だいたいオールラウンダー、一部スペシャリスト」になることが要求されると思います。どんな職種でも同じですが、ある程度の〝規定演技〟ってありますよね。それをこなすことはプロのプロたる基本でしょうから。

その上で、自分らしさを発揮できる専門性があるとうれしい。趣味を生かして公私混同して、アイデアが出しやすいジャンルを持っていることでもいいでしょうし、特定の商品とか地域に強いのも専門性。単純に体験数が多いジャンルがあるのも立派なスペシャリストです。

Q 一人十色になるための工夫はありますか？

A 実践あるのみ！　いろんな課題にウンウン唸りながらアイデアを出して対応していく

ことが結局は近道です。仕事選ばず、の精神ですかしら。それから普段使いの「たぐる」を続けていくことでしょう。

アイデアパーソンとしての成長過程はお菓子の金平糖ができる過程に似ています。ボンと急に膨張することはなくって、お鍋の中をグルグル回りながら徐々にカタチができてきて、いつの間にか突起が伸びてくる……感じです。一つひとつは色もカタチも違っている。出っ張り方にも個性があります。

鍋の中にいる金平糖の素からすると、なんだかよく分からずに右に左にグルグル振り回されているうちに気がついたら角が出てました、みたいな感触かもしれませんね。

Q

文字だけでなく味、音、匂い……五感を総動員してアイデアを拡げるというメッセージを受け取りました。

A

その通りです。使えるモノは使いましょう！　まわりにあるモノ、コトはすべてアイデアの素ですから。

話が飛びますが、茶事って参加されたことありますか？　茶道っていろいろ面倒なしきたりだらけで……と先入観に縛られずに体験してみてください（これはぜひ直接体験を！）。茶事においては、もてなす側の主人も、もてなされる側の客も、それはそれは丁々発止のコミュニケーション能力と実行力とが要求される場になっています。相手のフトした仕草を見て、ふすまの裏で器を瞬時に交換する……なんてアイデアに充ち満ちた空間と時間になるんですね。決まりはあって、でもそれを外す遊びがあって……。用意される茶道具を始まる数時間前にこさえたりすることもあるそうです。それだって「時間のない中で選択肢を出して、どれにするかを決める」プロセスを走り抜けていくこと。そのあたりもアイデアパーソンに似ています。

伝統文化の茶事と目の前にあるビジネス。考えることが必要な仕事にはかくも多くの共通点がありました。

Q

プロフェッショナル・アイデアパーソンの打率って、結局のところ、およそどのくらいなんでしょうか？　打率が喩えなのは重々承知ですが、プロでもヒットを打つために一〇〇〇回とか一万回の失敗（採用されずに消えていったアイデア）があると思えば、アイデアパーソン初心者も気が楽になると思います。

A

一回のアイデア持ち寄り打ち合わせに持参するのが20案として、その一つか二つ。プロジェクトにもよりますが、数回の持ち寄り、また集まるごとにその場で口に出しているアイデアもあります。真面目に仕事になるまでには、脳裏を一瞬よぎったレベルのアイデアもどきを含めれば、三桁はボツアイデアがあるでしょうね。とはいえ、現実には一人きりで１００案以上考えるのは相当大変なのも事実です。漏れもあるでしょう。チームで考える体制を組むことの大きなベネフィットです。大半がハシボウなくだらないアイデアばかりとしても、数百の選択肢が出せる、またブレーンストーミングなどでさらに拡げられるのはチームの魅力です。

と同時に、「打率」を捉える時間的な尺度を少し拡げて長めに取ってみましょう。ついつい近視眼的になりますから、ややもすると「試合ごとの打率」で捉えてしまいがちですね。先週の仕事ではいいアイデアを出せなかった……ダメだ！　と落ち込んでしまうのは悪いことではないですが、やや短絡的。それはほとんどトーナメント発想じゃありませんか？　ちょい長め、数試合から10試合ぐらいの中期的視点、もっといえば過去1年間ぐらいの長期的視点から俯瞰してください。母数を増やして考えるべきだと思います。

プロのスポーツ選手だって、長いリーグ戦を戦う中では、ヒットが出ない試合もあります。それが数試合続くこともある。その反対に固め打ち、猛打賞で打率を荒稼ぎすることもある。その結果としての年間成績です。もちろん、チームとしてはここ一番の試合で役立たずだったりすると周囲から冷たい視線は浴びるわ、監督（社長？）からは怒られるわ……と凹《へこ》むこともありましょう。その失敗には歯を食いしばって耐えてください。それもプロフェッショナルだと思います。

Q 特に越えると有効な境界線はありますか？

A ……と、聞きたくなる現状の自己規定がすでに境界線ですよね（自戒をこめて！）。「自分は思った通りの人間にしかなれない」ってことでしょうか。公私の壁を越境することに成功したアイデアパーソンの前に立ちはだかる第二の壁が自己規定の壁でした。「ボクなんて、どうせこんなもんですよ」「それ以上は無理ですよ」。この状況を打破していくために、越境してみませんか？

Q 結局、私は何から始めればいいのでしょうか？

A さあ、どうしましょう？　答えはもうあるんじゃないですか？

7

メニューのないBar

メニューがないBarに入ったことありますか。カウンターの背後に店主が一人いるだけ。壁に目をやれば、見たこともないボトルがズラリと並んでいるだけ。

本格的なBarで、初めてだと何をどうしたらいいのか見当もつかないお店……。こんなお店でのヤリトリは、まさに「たぐる」技の連続です。

わたし「この前飲んだのより、辛いのを」
店　主「こんなのどうですか」
わたし「いただきます」（飲む）
わたし「△△な感じがしますねえ」
店　主「これはですね……」

わたし「……なるほど。おいらの舌と喉はわかってんのかしら、この味を」

（とブツブツいいながらおいしくいただく）

わたし「じゃあ、この筋で、別の辛いのを」

店　主「でしたら、次はこちらで」

店主がわたしの前回のオーダーを「思い出す」ことから始まります。

わたしは新しい味に「ぶつかる」。会話をしながら「ほる」……。

この店に行くようになってから、お酒の銘柄を覚えるのやめました。ここではお酒もさることながら、店主とのヤリトリ＝「たぐる」プロセスを飲んでいるんだと思います。

あなたも、メニューのないＢａｒ、いかがでしょう。楽しいですよ。

感謝の言葉

「考える、はスポーツ」は、自分にとっては確固たる持論です。

スポーツには競技固有のルールと、カラダ（とアタマ）の動かし方・使い方がある。それを知らなければ絶対に上手くなれない。またある程度の反復練習をしなければ、無意識にいいプレーはできない。

さらに、チームスポーツをやるにあたっては、一人ひとりの個人技がベースになくてはチーム全体のレベルは上がらない。

このことを強く意識して原稿として書き始めたのが、旧版『アイデアパーソン入門』でした。始めた、と書いたのは、旧版刊行以来ずーっといい続けているからです。「ワークショップ考具」など、アイデア出しを実体験してみるワークショップで必ず触れるようになり、かつ「なるほどね」と参加者のみなさん、主催者のみなさんから一定の評価をいただいてきました。

でも今回、復刊のお話を頂戴したときには、とても迷いました。一般的には「絶版になった本なんて、内容乏しいし、薄いんだよね」と思われてるわけですから。

前回はヒット打てなかったな……と、旧版の反省はいろいろあるし、恥ずかしい気持ちもありますけれども、もらった機会は遠慮なく頂戴してしまおう、で今にいたる、です。

新版、旧版の双方でたくさんの方々にお世話になってます。ありがとうございます。

復刊、ってどこからどこまで直していいの？　と困りつつも、改題すると共に、本文ならびにQ＆Aのお答えパートで30％ぐらい、改稿をしました。

とはいえ、「スポーツ」「反復練習」なんて言葉がチラホラ出てくることもあって、「仕組み自体は簡単そうに見えて、習得するまでに実は距離がある」っていう読後感になるんだろうなあ、とは思っています。実際、「え、スポーツぐらい時間かかるもんなんですね」とワークショップ参加者からはいわれたこともあります。

まさに仕事は試合の連続。練習をする暇もなければ、練習方法を教えてくれる人もいない、のが「考えるというスポーツ」の現状。その状況は旧版発行時から劇的には変わっていない。この再刊がそんな方々にとっての「自主練テキスト」になれば嬉しい限りです。

改めて新版&旧版に関わっていただいた、みなさんに感謝を。

山﨑浩司さん、桑原祐治さん、安武大輔さん、荒川龍さん、猪狩勅之さん、加藤憲司さん、小堤音彦さん、小室秀介さん、鷹木創さん、武田直己さん、徳永建吾さん、西岡能範さん、西田淳子さん、福島正人さん、三好晃一さん、森本隆司さん、野菜さらださん、山田絢子さん、湯原義公さん、クラフト・エヴィング商會さん、岡田康且さん、亀田真司さん、松好那知さん、二ノ宮匠さん、斎藤健二さん、倉田卓史さん、鶴田寛之さん、轡田昭彦さん、坪井朋子さん。それから旧版を好い本だと褒めてくれた方々。そして再刊までの粘り。アップルシード・エージェンシーの鬼塚忠さん、宮原陽介さん。

ありがとうございます。

二〇一七年一月　　加藤昌治

引用・参考文献

『アイデアのつくり方』（ジェームス・W・ヤング著、今井茂雄訳。1988年、CCCメディアハウス刊）
『新装版アイデアのヒント』（ジャック・フォスター著、青島淑子訳。2003年、CCCメディアハウス刊）
『川崎和男 ドリームデザイナー』（NHK「課外授業ようこそ先輩」制作グループ編。2002年、KTC中央出版刊）
『発想する会社！——世界最高のデザイン・ファームIDEOに学ぶイノベーションの技法』（トム・ケリー、ジョナサン・リットマン著、鈴木主税、秀岡尚子訳。2002年、早川書房刊）
『イノベーションの達人！——発想する会社をつくる10の人材』（トム・ケリー、ジョナサン・リットマン著、鈴木主税訳。2006年、早川書房刊）
『スウェーデン式アイデア・ブック』（フレドリック・ヘレーン著、中妻美奈子監訳、鍋野和美訳。2005年、ダイヤモンド社刊）

『スウェーデン式アイデア・ブック2』（フレドリック・ヘレーン、テオ・ヘレーン著、中妻美奈子監訳、フレムリング和美訳。2006年、ダイヤモンド社刊）
『王様の仕立て屋――サルト・フィニート』（ジャンプ・コミックスデラックス版1～32巻。大河原遁著。2004年～2011年、集英社刊）
『仕事道楽――スタジオジブリの現場』（鈴木敏夫著。2008年、岩波書店刊）
『映画道楽』（鈴木敏夫著。2005年、ぴあ刊）
『越境者の思想――トドロフ、自身を語る』（ツヴェタン・トドロフ著、小野潮訳。2006年、法政大学出版局刊）
『人間を守る読書』（四方田犬彦著。2007年、文藝春秋刊）
『広告』（2006年12月号、博報堂刊）
『「公私混同」原論』（2007年、日経ビジネスオンライン）
『乙女の教室』（美輪明宏著。2008年、集英社刊）
『考具』（加藤昌治著。2003年、CCCメディアハウス刊）
『チームで考える「アイデア会議」――考具 応用編』（加藤昌治著。2017年、CCCメディアハウス刊）

本書は二〇〇九年に講談社から刊行された『アイデアパーソン入門』に
大幅に加筆・修正して改題したものです。

この本には「質疑応答の時間」があります。

読んでいる途中で「**ここをもっと聞きたい**」と思った方、たくさんいらっしゃると思います。聞きたいこともひとつとは限らないかもしれません。全部、わたしに質問してください！

http://coquets.jp/［**考具Web**］の中でお応えします！

どんな小さなコトでもかまいません。

e-mail: hon@cccmh.co.jp

- ■ お名前と宛名（「考具」係）を忘れずに。
- ■ よろしければご連絡先も。
- ■ 思いついたら何度でも。疑問が浮かんだらその度にどうぞ。

加藤昌治（かとう・まさはる）

1994年、大手広告会社入社。情報環境の改善を通じてクライアントのブランド価値を高めることをミッションとし、マーケティングとマネジメントの両面から課題解決を実現する情報戦略・企画を立案、実施する毎日。著書に『考具』『チームで考える「アイデア会議」——考具 応用編』（CCCメディアハウス）、『発想法の使い方』（日本経済新聞出版社）など。

アイデアは どこからやってくるのか

考具《こうぐ》 基礎編《きそへん》

2017年３月13日　初版発行

著　　者——加藤昌治
発 行 者——小林圭太
発 行 所——株式会社ＣＣＣメディアハウス
〒153-8541　東京都目黒区目黒１丁目24番12号
電話　販売（03）5436-5721
　　　編集（03）5436-5735
http://books.cccmh.co.jp

印刷・製本——慶昌堂印刷株式会社

ISBN978-4-484-17204-0
Printed in Japan

著者好評既刊
「考具」
シリーズ

考　具

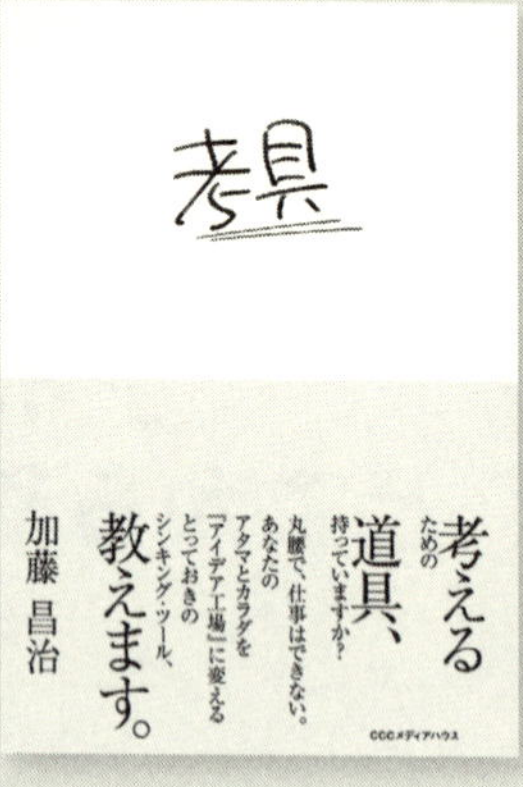

考えるための道具、持っていますか？ 簡単にアイデアが集まる！ 拡がる！ 企画としてカタチになる！ そんなツールの使い方、教えます。

●定価：本体1500円
ISBN978-4-484-03205-4

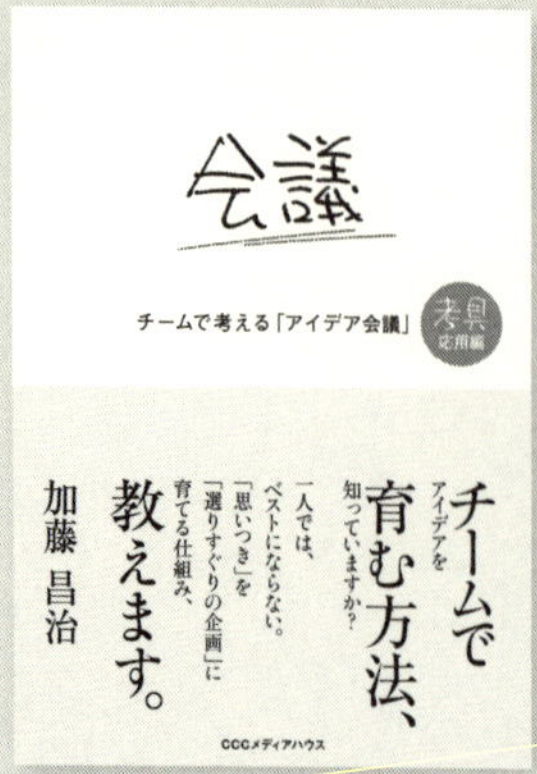

チームで考える「アイデア会議」

考具 応用編

チームで考える方法、知っていますか？ 一人では、ベストにならない。あなたとチームが個性あふれる企画を生む方法、教えます。

●定価：本体1500円
ISBN978-4-484-17203-3